《文姬归汉图》
宋，陈居中（？），绢本设色，台北故宫博物院藏

政和壬辰上元之次夕忽有祥雲拂鬱
低映端門衆皆仰而視之倏有群鶴
飛鳴於空中仍有二鶴對止於鴟尾
之端頗甚閑適餘皆翱翔如應奏節
往來都民無不稽首瞻望歎異久之
經時不散迤邐歸飛西北隅散感茲
祥瑞故作詩以紀其實

清曉觚稜拂彩霓仙禽告瑞忽來儀飄飄
元是三山侶兩兩還呈千歲姿似擬碧鸞
棲寶閣豈同赤鴈集天池徘徊嘹唳當丹
闕故使憧憧庶俗知

御製御畫并書一 下

《瑞鹤图》（局部） 宋，赵佶，绢本设色，辽宁省博物馆藏

《清明上河图》（局部） 明，仇英，绢本设色，辽宁省博物馆藏

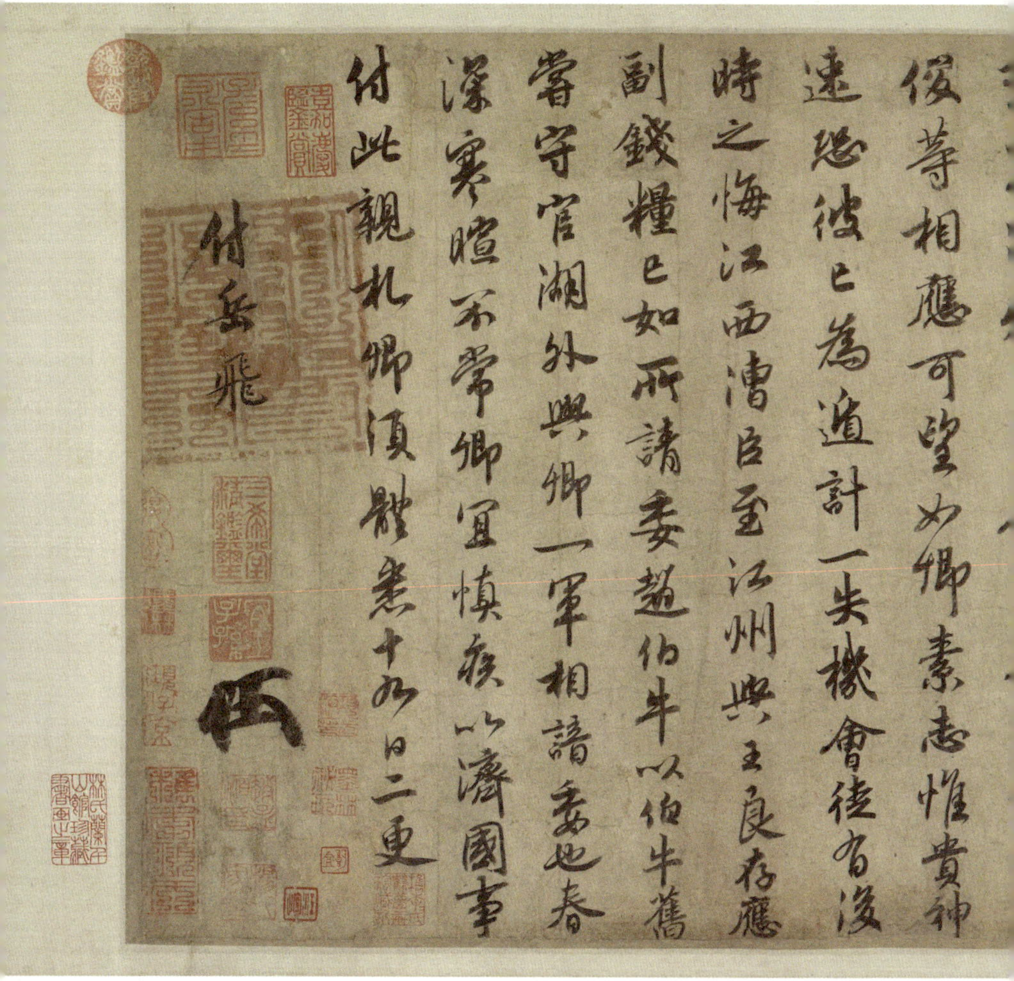

俊等相應可望如卿素志惟貴神
速恐彼已為道計一失機會徒有後
時之悔江西漕臣至江州與王良存應
副錢糧已如所請委趙份牛以份牛舊
當守官湖外與卿一軍相諳委此春
深寒暄不常卿宜慎疾以濟國事
付此親札卿須體悉十四日二更

付岳飛

《赐岳飞批剳卷》（局部） 宋，赵构，纸本，台北故宫博物院藏

《听琴图》
宋，赵佶，绢本设色
北京故宫博物院藏

梅毅说宋

避临安

南渡君臣的偏安沉浮

梅毅◎著

天地出版社 | TIANDI PRESS

图书在版编目（CIP）数据

避临安：南渡君臣的偏安沉浮 / 梅毅著. — 成都：天地出版社，2024.7. — ISBN 978-7-5455-8396-0

Ⅰ.K244.09

中国国家版本馆CIP数据核字第2024ZD6185号

BI LINAN: NANDU JUNCHEN DE PIANAN CHENFU

避临安：南渡君臣的偏安沉浮

出 品 人	陈小雨　杨　政
著　者	梅　毅
责任编辑	武　波
责任校对	杨金原
责任印制	王学锋
封面设计	水玉银文化

出版发行	天地出版社
	（成都市锦江区三色路238号　邮政编码：610023）
	（北京市方庄芳群园3区3号　邮政编码：100078）
网　　址	http://www.tiandiph.com
电子邮箱	tianditg@163.com
经　　销	新华文轩出版传媒股份有限公司

印　　刷	北京文昌阁彩色印刷有限责任公司
版　　次	2024年7月第1版
印　　次	2024年7月第1次印刷
开　　本	880mm×1230mm 1/32
印　　张	8.5　插页 8
字　　数	160千字
定　　价	48.00元
书　　号	ISBN 978-7-5455-8396-0

版权所有◆违者必究

咨询电话：(028) 86361282（总编室）
购书热线：(010) 67693207（营销中心）

如有印装错误，请与本社联系调换

自序

王朝兴衰的历史轨迹

说起宋朝，大概我们首先会想起北宋"靖康之变"的奇辱和南宋"崖山之役"的惨败。相较汉唐、明清，两宋的领土小得可怜，北宋最盛时也只有280万平方公里的土地。赵匡胤开国以来"重文抑武"的国策，使得宋朝长期陷于"防御"的狼狈境地，甚至出现同样的历史悲剧上演两次这种超奇怪的现象。

其实，在我们低声叹息之时，大多数人忽略了这样一个事实：自晚唐以来，中原王朝的崩溃所导致的大分裂，致使中国北方一直战乱频频。沙陀人石敬瑭更是把燕云十六州献给契丹，为其后的北宋王朝埋下滔天大祸的根苗。而后，契丹、党项、女真、蒙古诸族相继登上历史舞台，刀光闪闪，血肉翻飞。

为此，我们需要重新深入历史细节之中，去回顾一下那个与野蛮为邻的大宋时代的方方面面，把记忆的碎片黏合起来。

政治方面，宋太祖以皇权为中心加强中央集权统治，巧妙地分散宰相之权。宋朝建立了完善的科举、官员铨选以及监察制度，成为中国封建社会政治体制较为开明的时代。纵观南北两宋三百多年，其他王朝屡见不鲜的女祸、宦祸、外戚之祸、藩镇之祸、权臣篡逆之祸、流民覆国之祸，在宋代较少出现。

经济方面，两宋是那个时代十分先进的商业社会，其多种经济模式均在世界上开一代风气之先。特别是城市的发展，"屋宇雄壮"，"骇人闻见"。经济活动"每一交易，动辄千万"。瓦舍、勾栏，熙熙攘攘，娱乐、休闲通宵达旦，市民生活水平在当时世界绝对是首屈一指。而且，中国首创的纸币交子、会子，都在宋代出现并发展定型，这种革命性的货币形式比欧洲要早六个多世纪。同时，一反前代重农轻商的传统观念，宋代商人不仅经济地位得到提高，甚至可以入仕为官，这极大地刺激了工商业的发展，士大夫还进化出"商人众则入税多"的崭新价值观。

文学方面，宋词一洗晚唐浮艳之风，或豪放，或婉约，大放异彩，其中以欧阳修、苏轼、李清照、辛弃疾、陈亮等为代表；宋诗也不可小觑，其长于用典的浓郁书卷气，使得中华文化的精髓每每跃然纸上，尤以陆游、范成大、杨万里等昂然执其牛耳，其诗悲沉激荡，脍炙人口。

艺术方面，由于宋朝诸帝皆留意文翰，贵族士大夫亦步亦趋，绘画、书法方面人才济济。抛开细腻华贵的"院体画家"不讲，苏轼、米芾、米友仁、李公麟等人所崇尚的"士大夫画"，使豪爽、性灵的"尚意"审美意境贯穿以后数个朝代，长盛不衰。在这种艺术风气影响下，宋代在制瓷、建筑、雕塑、舞蹈等多个领域，皆达至登峰造极的地步。

科技方面，国人一向引以为豪的四大发明，其中有三项在宋代大放异彩：活字印刷术、指南针和火药。英国哲学家培根在《新工具》一书中这样写道："印刷术、火药、指南针曾改变了整个世界，变化如此之大，以至没有一个帝国，没有一个教派，没有一个赫赫有名的人物，能比这三种发明在人类事业中产生更大的力量和影响。"

至于英雄豪杰，两宋王朝更是层出不穷，撼人心魄——杨业、寇准、狄青、韩琦、范仲淹、欧阳修、司马光、韩世忠、刘锜、岳飞、虞允文、辛弃疾、孟珙、余玠、李庭芝、姜才、张世杰、陆秀夫、文天祥等，这些忠臣义士，耿耿精忠，求仁得仁，求义得义，不以成败利害动其心，不以生死贫富移其志，才节两全，代表了我们民族至高至伟的精神境界。他们或衔命出疆，或授职守土，或捐躯殉国，功虽有不成，声名彪炳千秋！

有着如此辉煌成就的宋王朝却出现了惊人相似的两次亡国，不禁让人感慨。王朝灭亡的原因多种多样，有必然性，也有偶然性，甚至某个大人物的死亡都会改变整个历史进程。比如，钓鱼城上被宋朝守军飞掷而下击中蒙哥大汗的石块，它就改变了世界历史的轨道！除却天时、地利，人是历史行为的最关键因素。正是宋人意识方面的懈怠，文恬武嬉，不思进取，才最终导致两宋的灭亡。

读罢宋史，我们可以从曾经的历史经验中深刻认识到："天下虽安，忘战必危！"更加让我们后人感到吊诡的是，那些灭亡北宋的、曾经金戈铁马的女真人，一旦习惯了风花雪月，沉浸在歌舞之中，蒙古铁骑的嗷嗷叫声也由远而近，逼袭而来，曾经悍勇无比的金朝，也在血火之中化为碎片。由此可见，在血与火的时代，在危机四伏的世界，最怕的就是整个国家恬然而息。一旦忘兵忘战，整个国家肯定会溺于安乐享受，而后的一切突然之祸，正是种于承平时代"缘饰文雅"之时。

昔日的繁华，早已成为深埋于地下的废墟；从前的风华，也化为过眼烟云。即便如此，我们却无法否认那样一个灿烂时代的不朽与光荣。往事越千年，我们的鼻孔中仍能嗅到那三个多世纪汴梁与临安传来的梅花香气，还能依稀听闻诗人词家那一叹三叠的华丽咏叹。宋朝，并非在历史深渊中死亡的朝代，即使在崩溃的瞬间，它也如流星陨落一般，照亮了历史野蛮的黑暗，驱散了曾经让我们先辈战栗的内心恐惧，其光辉足以启发后人的心智！

南北两宋，辽金西夏，那些淹没在茫茫时光中的血肉人生，他们的故事令人目眩神迷，充满了传奇，让我们一起来复活他们吧。

是为序。

梅毅

2024年2月24日（甲辰龙年正月十五日）

目录

第一章 浪子皇帝流氓臣 001
1. 宋徽宗如何登上宝座 003
2. 都城汴京如何陷落 012
3. 奸臣蔡京为何居"六贼"之首 020
4. 太监童贯如何造祸宋朝 027
5. 王黼、朱勔皆恶人 035
6. 徽宗朝的太监们 043
7. 金军第一次围困汴京 049
8. 金军再度围困汴京 056
9. 徽钦二帝成俘囚 062
10. 北宋灭亡后的政权交割 070
11. 徽钦二帝的结局 078

第二章 汴京的逝水年华 091
1. 汴梁繁华如梦里 093
2. 往事成空留遗恨 102
3. 细看清明上河图 111

第三章 南宋初立 121

    1. 出乎意料得帝位的赵构 123

    2. 任宰相七十七天的李纲 130

    3. 悲愤而死的老将宗泽 135

    4. 偏安江南的一场闹剧 146

    5. 韩世忠与金兵鏖战黄天荡 159

    6. 张浚在关陕兵败失地 168

    7. 吴玠、吴璘力保蜀川不失 175

    8. 傀儡刘豫建伪齐 182

    9. 刘豫被废成囚徒 189

第四章 南渡君臣自毁长城 197

    1. 淮西军叛逃伪齐 199

    2. 兀术发兵侵南宋 206

    3. 兀术兵败顺昌 213

    4. 宋兵得胜之后为何退兵 221

    5. 秦桧主张议和的缘由 227

    6. 秦桧专权欲害忠臣 235

    7. 岳飞之死 242

    8. 总把杭州作汴州 249

    9. 身在金营心在宋的忠臣 256

第一章

浪子皇帝流氓臣

1. 宋徽宗如何登上宝座

公元1128年盛夏的一天,一行装束奇怪的俘囚队伍被凶神恶煞的金朝兵将押送,在道上艰难行进。所有这些人,个个面黄肌瘦,男人面如死灰,女人遍体污垢,日复一日的积伤使她们走路呈现奇怪的外撇姿势。凤子龙孙,帝胄皇戚,如今皆成为身披破烂羊裘的俘虏。

靠近队伍前部的一辆破牛车上面,跟跟跄跄下来一名男子,一身肮脏到看不出颜色的老羊皮袄,没有穿任何内衣,腰间系着条麻绳。如果近距离观看此人的容貌,就会发现,这张早衰的脸的主人正是昔日大宋帝国的皇帝——宋徽宗。过了一辈子精致生活的皇帝,现在沦落到连汴京城内的乞丐都不如的份儿上。

徽宗皇帝双腿已经麻木,喉咙冒火,当然再没有龙团凤团那样的顶级饼形压金的嫩茶,他只能踮着脚,摘取路边树上的桑葚来食。由于狼吞虎咽,徽宗皇帝差点儿没噎死。他咳了许久,对身边跟从的侍臣曹勋说:"我记得小时候当王爷时,我的乳母曾吃这种东西。我当时也抓了几颗吃,食之甚美，随即被乳母劈手抢去。今天，是我这辈子第二次吃桑葚，不料竟落到如此境地！"

言讫，徽宗皇帝泪如雨下。然而，可怜之人，必有可恨之处！

自宋太祖赵匡胤在混乱的五代末年发动陈桥兵变，黄袍加身，建立宋朝，至靖康二年（公元1127年）二月，宋钦宗出降于金，北宋历宋太祖（赵匡胤）、宋太宗（赵光义）、宋真宗（赵恒）、宋仁宗（赵祯）、宋英宗（赵曙）、宋神宗（赵顼）、宋哲宗（赵煦）、宋徽宗（赵佶）以及宋钦宗（赵桓），共九帝。

宋王朝（版图只有二百多万平方公里）结束了五代十国分裂割据的局面。在一百多年的时间内，北宋发展速度惊人，不仅在文学方面有中国历史上与唐诗比肩的"宋词"，技术发明上的活字印刷术、指南针也出现在这短短的两个世纪内。手工业和商业空前繁荣，不仅富，而且庶，人口一亿多，"国家之盛，前世未有"。

公元1100年，宋徽宗赵佶继位，北宋王朝却忽然由盛转衰。宋徽宗在位的二十六年时间，成为北宋历史上最黑暗的年代。

宋神宗崩后（公元1085年），神宗第六子赵煦为帝，即宋哲宗，时年仅十岁。其后九年多，宋朝最高权力机构中实

宋徽宗赵佶

际掌权的是高太后。高太后一直憎恶王安石的"新法",她召司马光入朝,尽废新法,即后世所谓的"元祐更化"。

由于王安石的党羽蔡确以诗文影射高太后为"武则天",宋廷大起狱案,党亲名单成册成集,朝中洛党、朔党和蜀党人士心照不宣,大打出手。宋朝党争,至此到达一个小高潮,其恶劣程度一点也不比唐朝"牛李党争"弱。

后来,高太后病逝,先前乖乖做了九年"傀儡"的宋哲宗终于亲政。他非常怨恨祖母。继位后,这位年轻的皇帝一反其道,把老奶奶的所有政治纲领全部颠个个儿,回到了其父宋神宗的"改革"路线上。哲宗皇帝任章惇为宰相,把司马光一党打为奸佞,全力打击元祐重臣,司马光本人还差点被刨棺掘墓。"元祐党人"成为群臣恐惧的一个罗织罪名的称呼。北宋朝廷经这么大折腾,元气尽伤。

宋哲宗本人的宫闱生活也乱七八糟。他自己身子骨弱不说,内宫又闹厌魅之案,无数宫女和太监搭上性命,正宫孟皇后也牵连被废。元符三年(公元1100年),年仅二十五岁的宋哲宗一病不起。折腾了六年,国事没有丝毫起色,他自己先"驾鹤西归"了。

宋哲宗厌魅之案的经过是这样的:

宋哲宗的原配皇后孟氏,史称"元祐皇后"。孟皇后比宋哲宗大四岁,是当年宋哲宗祖母高太后给他选定的,宋哲宗心里一点都不喜欢这个皇后姐姐。高太后崩逝之后,宋哲宗亲政,自然就疏远了孟皇后。他最喜欢的是美人刘氏。这个女人给哲宗皇帝生了一子二女,宠冠后宫。刘氏得宠,就想在宫内搞掉孟皇后,自己坐上皇后宝座。也巧了,当时孟皇后所生的女儿福庆公主得了重病,皇后的姐姐懂得一些医道，经常入宫。得知福庆公主病得很重，吃了许多药都没什么效果，皇后的这个姐姐就拿了一些道家治病的符水入宫。孟皇后得知姐姐拿符水给公主喝后，非常惊恐，她倒不是怕符水有不良反应什么的，而是因为这个东西在皇宫内非常忌讳。为此，她吓得战战兢兢，对姐姐说："宫内严禁符水这些东西，和宫外百姓治病完全不一样……"为了不惹起大麻烦，等宋哲宗前来看望女儿福庆公主的时候，孟皇后还主动向哲宗皇帝解释了这件事。当时，宋哲宗并没有拿这当回事儿，更没有追究。不久，福庆公主病死，孟皇后的养母燕氏也十分难过，就在府内让一个叫法端的尼姑和供奉官王坚为福庆公主搞了一场祈福活动。刘婕妤得知此事后，马上就吹枕边风，说孟皇后在宫内搞厌魅，求宠之外，还要搞死自己。宋哲宗大怒，压胜和厌魅，在汉武帝时代曾弄出很大的事情，如今在自己宫内竟然也搞这个。哲宗皇帝命令严查。于是，有司即刻逮捕宫内几十个人，严刑拷打，许多人肢体毁折，甚至有些人的舌头被割下来了。最终，这些人屈打成招，就承认那场祈福活动和先前带符水入宫就是搞巫蛊实行诅咒。据《皇朝编年备要》记载，供奉官王坚承认把自己家中收藏的"雷公式"符咒给尼姑法端看，又和法端在光教院用枫木等东西作法作祷词。那个法端承认说自己在坊市间买到驴驹媚、蛇雾、叩头虫等媚药春药类的东西献给孟皇后，让孟皇后把这些东西装在香囊里面然后佩戴着去见皇帝，由此会获得皇帝的宠爱。至于孟皇后的养母燕氏，就承认说自己烧"欢喜"字做符，然后取灰调成茶水，准备在宫内的宴饮中进献给皇帝，目的是使皇帝对孟皇后回心转意。同时，燕氏还承认自己让供奉官王坚绘制刘婕妤的画像，然后用钉子钉在她画像心口上，还把五月病死的宫人烧成灰，再把烧尸灰撒在刘婕妤的寝殿中想要她得病死去……看到这些供词，哲宗皇帝勃然大怒，即刻把孟皇后废掉，然后把参与祈福的人全部处斩，其中就包括孟皇后的养母燕氏！由此，刘婕妤就成为新的皇后，即宋史中的昭怀刘皇后。这位刘皇后得手之后，三年后还生了皇子，但没过多久，这个皇子和哲宗皇帝先后死去。

公元1100年，宋徽宗即位，和高太后关系非常好的向太后垂帘听政，迎回宋徽宗的嫂子孟氏，尊为"元祐皇后"。向太后死后，刘皇后又逼继位不久的宋徽宗再次下诏废去孟后。不久，孟皇后被幽禁的瑶华宫失火，她只得移居延宁宫，但延宁宫又毁于火，她只得出宫，住进弟弟孟忠厚家。公元1127年金兵攻陷汴京，将徽、钦二帝和六宫有号位的后妃全部掳走北上，当时的孟皇后因住在弟弟家的民居，竟幸免于难。张邦昌建伪楚政权后，迎孟氏，册其为"元祐太后"。宋高宗赵构继位后，把这位孟氏接到宫内，改"元祐太后"封号为"隆祐太后"。日后，孟太后得以善终。至于那位刘太后，因骄横跋扈，宋徽宗后来将她废掉。最终，这个女人在宫中上吊自杀。

到了南宋绍兴七年（公元1137年），废后事件过去将近四十年之后，宋高宗赵构和宰相赵鼎谈论此事时，认为厌魅事件不过就是"妇人求媚之事，与前世巫蛊咒诅不同，何足深罪！"

可悲的是，宋哲宗死后无子。他同父异母的弟弟端王赵佶被推到前台，是为宋徽宗。

宋徽宗赵佶是宋神宗第十一子，被封为端王。宋哲宗驾崩时，哲宗皇帝的嫡母是向太后。向太后就劝哲宗生母朱太妃，说哲宗临崩前表示要立他自己的弟弟端王。

朱太妃乃善良妇人，沉浸在丧子的悲痛中，对此不置可否。于是，向太后垂帘问政，询问继承人问题，执政大臣章惇"厉声"答道："依据国家礼律，应立母弟简王（即哲宗的同母弟）。"

哲宗生母朱太妃还健在，向太后就不愿再立朱太妃的亲儿子也就是哲宗的同母弟当皇帝。向太后就不接章惇的话头，继续对其他大臣说："神宗诸子，申王年纪最长，但他有目疾，再往下就是端王当立。"

在场的几位大臣如曾布、蔡卞、许将等人都很讨厌章惇。

他们私下各自打着心中小算盘：章惇没有和别人商量，自己就公然在朝堂上单独提出候补帝王人选。如果照他所说，立哲宗同母弟简王为君，日后新帝追念"拥立"之功，肯定又是章惇莫属。

为此，几位大臣纷纷附和向太后，都说端王赵佶当立。这时候，章惇一下子在朝堂上成为孤家寡人，刚才的汹汹气势也融冰般消解，只能"为之默然"。

"先帝（宋神宗）尝言，端王有福寿，且仁孝，不同诸王。"向太后终于在大宋皇廷上为新君赵佶做出总结性的推举评语，使得这位本来一心喜爱诗词书画的王爷能够兄终弟及，登上本来离他并不很近的皇帝宝座。

《宋史·徽宗本纪》的结尾赞语中有这样的言语："徽宗未立，（章）惇谓其轻佻不可以君天下。"

章惇在宋史中被视为奸佞之臣，其实此人确有"识君"之才。章惇并非高俅那样的浮浪子弟，也不是蔡京那样的轻薄之才，此人年轻时就以豪俊著名，博学善文，与大文豪苏轼相交甚厚。宋仁宗时，章惇与其侄章衡同中进士，由于他侄子当时是殿试第一的状元，章惇一气之下竟不去接敕令任官，重新再考下一科。

宋哲宗继位后，章惇自恃有拥立功，大行因扰民而被废止的王安石"新法"（王安石是提拔章惇的"恩公"），诋毁司

宋徽宗赵佶《芙蓉锦鸡图》

马光等大臣,劝说宋哲宗对司马光、吕公著等死去大臣剖棺掘尸,株连亲族,可谓穷凶极恶。

章惇公报私仇,朋比为奸,屡兴大狱,并在西北与西夏挑起边衅,屡战屡败,丧兵失地。章惇如此不堪,却有两件事还值得称道:其一,他执掌朝权时从不滥封亲友,四个儿子都是籍籍无名的小官；其二，他有超凡的识人之明，深感赵佶不能继统为君。

宋徽宗继位不久，即贬章惇出外。不久，这位权臣于贫困之中死于睦州，死后被列入《宋史·奸臣传》。

2. 都城汴京如何陷落

宋徽宗赵佶继位后不久，马上重用与他气味相投的一帮文人哥们儿和宵小，其中以蔡京、王黼、童贯、梁师成、李彦、朱勔等人最为"知名"，时人称之为"六贼"。

奇怪的是，大名鼎鼎的高俅在《水浒传》中虽名列奸臣第一，但《宋史》中根本没有他的单独传记。在南宋作家王明清的史料笔记《挥麈后录》卷七中，有如下记载：

> 高俅者，本东坡先生小史，笔札颇工。东坡自翰苑出帅中山，留以予曾文肃（曾布），文肃以史令已多辞之，东坡以属王晋卿。元符末，（王）晋卿为枢密都承旨时，祐陵（宋徽宗）为端王，在潜邸日已自好文，故与晋卿善。在殿庐待班，解后（邂逅）。（端）王云："今日偶忘记带篦刀子来，欲假以掠鬓，可乎？"晋卿从腰间取之，（端）王云："此样甚新可爱。"晋卿言："近创造

二副,一犹未用,少刻当以驰内。"至晚,遣(高)俅赍往。值(端)王在园中蹴鞠,俅候报之际,睥睨不已,王呼来前询曰:"汝亦解此技邪?"俅曰:"能之。"漫令对蹴,遂惬王之意,大喜,呼隶辈云:"可往传语都尉,既谢篦刀之况,并所送人皆辍留矣。"由是日见亲信。逾月,王登宝位。上优宠之,眷渥甚厚,不次迁拜,其侪类援以祈恩,上云:"汝曹争如彼好脚迹邪!"数年间建节,循至使相,遍历三衙者二十年,领殿前司职事,自(高)俅始也。父(高)敦复,复为节度使。兄(高)伸,自言业进士,直赴殿试,后登八座。子侄皆为郎。潜延阁恩幸无比,极其富贵。然不忘苏氏(苏东坡一家),每其子弟入都,则给养问恤甚勤。靖康初,祐陵(宋徽宗)南下,(高)俅从驾至临淮,以疾为解,辞归京师。当时侍行如童贯、梁师成辈皆坐诛,而(高)俅独死于牖下。

可见,高俅是大文豪苏东坡的门下,而且为人还算忠厚,富贵后对苏氏子弟也很照顾。他凭机缘,加之一脚好球技攀龙附凤,平生好似无甚大恶,而且善终于家,死的非常是时候,免去和徽宗一起赴北国受风霜劳苦。

"六贼"诸人,为了满足宋徽宗的穷奢极欲,大兴土木,滥增捐税，于天下搜集奇花异石，费百万役夫之工，在汴京修建可列入"世界之最"的宏伟"艮岳"园林，放养珍禽怪兽成百上千于其间，耗费钱财无数，北宋国库多年的蓄积为之一空。

试想一下，当时的东京汴梁（开封）距江南千里迢迢，巨石奇木，经陆路、水路络绎千里，役夫无数不讲，一路上累死、病死、淹死无数人，加之不停破屋坏墙，践田毁墓，致使天下嚣然，民不聊生。

徽宗皇帝还酷信道教，于国内遍建宫观，自称道君皇帝，没事就和一群道士相聚作法行祭。

在赵佶治下的二十六年间，除了他宠信的奸臣，唯一快活的只有狗。赵佶属狗，所以他下令全国禁止屠狗。

宣和二年（公元1120年），由于宋廷到处搜罗奇石巨木，人民贫苦不堪，最终引发了睦州方腊起义。方腊原本是一个雇工（或谓漆园主），趁民众为"花石纲"所扰，他以摩尼教为号召，组织群众，发动起义，接连攻陷青溪等地，共夺六州五十二县，一直打到杭州，东南震动。

虽然最终方腊起义被镇压，但北宋的根基已经严重动摇。

一直在北方与宋朝对峙的辽国，晚期已经高度汉化，在"澶渊之盟"后，有一百多年与宋朝相安无事，与宋朝算是"友好兄弟邻邦"。

宋徽宗政和元年（公元1111年），大太监童贯出使辽国，辽人见这位没胡子的公公到来，不免言语之间有嘲笑之意，礼数上也有不周之处。

太监被割去命根后心理原本就有些畸形，如今身为堂堂大宋使臣，竟然被一帮辽人看上看下地窃笑，变态的大公公报复心顿起，一下子变成大爱国者，在卢沟河畔私自接纳从辽国叛逃的燕人马植，一起回至汴京。接着，两人建议宋徽宗联合刚刚兴起的女真人一起夹攻辽国，事成后宋得燕京，金取中京。

金人虽彪悍粗蛮，也是粗中有细，盟约中已经有附带条件：与宋夹攻辽国，双方一同攻取的就平分，金人自己攻占的就完全归金国，不在分割之议。

对于宋朝伐辽，当时的宋朝大将种师道就谏劝过："今日之举，譬如盗入邻家不能救，又乘之而分其室焉，无乃不可乎？"（《宋史》卷三三五）文臣王庶还曾对种师道讲："国家与辽人百年之好，今坐视其败亡不能救，乃利其土地，无乃基女直（女真）之祸乎？"（《宋史》卷三七二）

另一文臣宋昭对当时情形也有清楚、中肯的分析："比年以来，为女真所困，侵城掠地，横亘千里，势已窘蹙。愿与女真合从，腹背攻讨，则扑灭之易，甚于反掌，是亦弗思之甚也。灭一弱虏，而与强虏为邻，恐非中国（指宋朝）之福，徒为女真之利耳。且北虏（辽国）虽夷狄，然久渐圣化，粗知礼义，百余年间，谨守盟誓，不敢妄动者，知信义之不可渝也。今女真刚狠善战，茹毛饮血，殆非人类。北虏以夷狄相攻，尚不能胜。傥与之邻，则将何术以御之？"（《三朝北盟会编》卷八）

此外，宋朝大臣如孙尧臣、蔡元长等皆上书极力劝谏，劝宋徽宗不要轻启兵衅，"以百年怠堕之兵而当新锐难敌之虏，以寡谋持重、久安闲逸之将而角逐于血肉之林"（岳珂《桯史》卷九）。

宋徽宗皆不听，好大喜功，以图全复燕云十六州旧地。不久，辽朝果然败亡。此时，宋朝如果坚守边境，拾取些残地余民也就算了，偏偏宋徽宗文人性情，爱惹事端，他亲以瘦金体御书密诏，派人暗送给已成俘囚的辽末帝耶律延禧，说："若来中国，当以皇兄之礼相待，赐甲第，极所以奉养。"天祚帝得书大喜，整治行装，准备暗中从金营跑掉，窜归宋朝。

金人搜得宋徽宗手诏，大怒，遣使诘问斥责："始与我盟誓，今又写诏书，招纳我叛亡！"金人把柄在手，为日后翻脸找足了借口。

由于北宋官兵长年腐败，战斗力极弱，屡屡出师不利。联金伐辽战争初期，宋军遇见被金兵打得大败的辽军，本来想趁机捞个便宜，却时常被这些败兵败将打得狼狈而逃。

面子丢了还不要紧，要紧的是让女真人一下子弄清了这样一个事实：赫赫大宋原来是徒有虚名，其实完全不堪一击。

灭辽之后，金人一鼓作气，如入无人之境，迅速攻入宋境，包围宋都汴梁。被派去太原祝贺金人俘获辽国皇帝的大太监童贯，刚刚出了一口恶气，但没高兴几天，忽然发现本来是同一战壕的女真哥们儿对待自己还不如先前辽国人有礼。金人不仅随意叱骂耻笑自己，还搂草打兔子，不停地收纳辽国城池，连陷宋朝土地。这时候，已被封为广阳郡王的童公公再也不要那本来就没有胡子的老脸，趁金国人不注意，一口气逃回了东京汴梁。

看到从前的盟军金军忽然虎狼一般攻来，宣和七年（公元1125年），惊吓过度的宋徽宗下"罪己诏"后，把帝位内禅给皇太子，自称太上皇。宋钦宗登基后，改年号为靖康。

金朝初围汴梁之时，兵力不过五万人。太常少卿李纲力劝被吓得肝胆俱裂的宋徽宗、宋钦宗父子坚决抗金，主持城防，有效阻挡了金兵的攻势，加之各地勤王兵马纷纷来到，总数有二十万人之多，形势对宋朝非常有利。

如果将帅有方，兵民尽力，二帝能临机决断，两面夹击，一举攻灭金军主力绝非什么难事。然而，赵佶父子怯懦，加之平时一起诗文唱和、主执朝政的大臣多数是"主和派"，钦宗皇帝令各地勤王兵马决不能进攻金军，并割中山、太原、河间三镇给金国，孝敬金银财宝无数，尊金朝皇帝为"皇叔"，这才换得金人暂时的撤围。

金军北退后，宋钦宗一改他父亲宋徽宗所为，下诏把童贯枭首于都市，贬斥蔡京一帮奸佞贼臣。心有余悸之下，他同时罢免了守城有方的李纲，贬之为保静军节度副使，建昌军安置。

李纲日后为南宋理学和民间演义推崇，慢慢成为完美的"忠义英雄"，其谏劝宋帝不要逃跑的言语，也为后世忠臣所不断引用："天下城池，岂有如都城者？且宗庙社稷百万官民所在，舍此欲将何在？"

不过，明代大儒黄宗羲、王夫之以及近代史学家陈登原有不同意见，认为皇帝从都城逃跑避难，确实有再造国家的机会，唐玄宗、唐代宗、唐德宗皆是先例。黄宗羲《巡抚天津右佥都御史留仙冯公神道碑铭》："恨其时小儒，不能通知大道，执李纲之一言，不敢力争。"上述话语，把宋徽宗父子的"枯守都城"当成了反面教材。但与李纲同为朝臣的邓肃对李纲有如下评价："（李）纲学虽正而术疏，谋虽深而机浅。"南宋高宗也有言："朕以其人，心虽忠义，但志大才疏，用之必亡国！"

贪心不足的金军并非真的撤军，没隔多久，又兵分两路杀个回马枪，合围汴梁。大风苦寒，雨雪交加，兵临城下，此时此刻，一直深养于宫内的宋钦宗终于冒出一丝血气，披甲登城，以御膳赐士卒，城上之人，皆感激流涕。

感召之下，宋朝兵民踊跃抗战，双方攻杀相当。由于先前的各路勤王兵马来不及赶回，宋城只有三万禁卫军和未经训练的居民，不久就因激战死掉大半，汴梁逐渐不支。

由于大雪奇寒，守城士兵冻死甚多，活下来的人也被冻得几近僵仆，手指几乎不能持兵器。无奈之余，宋钦宗在禁庭内光着双脚跪在地上，祈祷老天开眼放晴。不过，宋钦宗叫天天不应，呼地地不灵。老天也不作美，大风自北起，大雪暴下，连日不止。

关键时刻，宋廷使出"杀手锏"，事实证明也是最臭的一着——轻信妖人道士郭京能用"六甲法"御敌，严令守城士兵下城，大启宣化门出攻金军。结果不言自明，宋军遭到大败。

本来，如果困守坚城，拖延时日，争取时间，四周勤王兵到，很有可能致金兵解围。现在，宋钦宗驱使为数寥寥又因冻饿而战斗力奇差的守御军大开城门出战，面对身强力壮、适应寒冷天气作战的金兵，无异于驱弱羊入狼口。

结果不言自明，宋兵立马被金兵刀砍斧剁，横死一片。城门上穿着一身奇装异服、口中连连念咒的郭京一看如此情势,忙称要去城下作法,带着剩下的兵丁慌忙逃去。

金兵登城,众皆披靡。宋朝的京城失陷。

3. 奸臣蔡京为何居"六贼"之首

宋徽宗手下诸无赖文臣、太监,尤其以蔡京、童贯、王黼、梁师成、李彦、朱勔六人最"有名"。"六贼"之称出于太学生陈东在宣和七年(公元1125年)的上书。

宋徽宗时代的最大奸臣当数蔡京。蔡京也是书法大家。宋代四大书法家,苏、黄、米、蔡(苏轼、黄庭坚、米芾、蔡京),今人多指"蔡"为蔡襄,然亦有说乃宰相级巨奸蔡京也。

蔡京四度入相,权倾人主,而当初获宋徽宗青睐的,恰恰是他那双书法妙手。说宋徽宗是昏君,是指其政治与治国方面,但这位皇帝艺术品位臻至妙境,为人上人,他的鉴赏眼光自然不会低。在徽宗皇帝眼中,蔡京书法应在四大家之首。可见在宋徽宗年代,能讨这位浪子皇帝欢心的是高妙的艺术天赋。

宋徽宗当亲王时,对蔡京的书法喜欢到狂迷,能以二万钱从其随官手中购买两面题字团扇。这种喜欢,绝非现在有人出巨资购买大老板涂鸦之作变相贿赂拉关系,而是艺术相通之人气味交投的真欢喜。

蔡京，兴化军仙游人（今属福建），宋神宗熙宁三年（公元1070年）进士，与其弟蔡卞同为中书舍人，成为皇帝的高级文学侍从。由此可见，蔡氏兄弟皆是有真才实学之人。

蔡京本来是王安石"变法"一派，司马光上台尽废新法，蔡京又力赞之，五天之内就把司马光的命令执行得毫厘不爽，致使司马公叹道："使人人奉法如君，何不可行之有！"

宋哲宗亲政后，又恢复新法，蔡京马上附和章惇，把司马光废掉的法令重新搬回。见风使舵，蔡京算是做到了极致。

宋徽宗初即位，因御史弹劾蔡京"交通亲侍"，蔡京被外贬，得一虚官在杭州闲住。恰好，大公公童贯到杭州来办"书画奇巧"等物，在杭州待了近一个月，与蔡京关系处得非常好。小人气场相吸，自然一见即欢。

为报答蔡京大把金银的馈赠，童贯回京时带回不少蔡京亲笔书写的扇面、条幅、屏风等物。宋徽宗对蔡京书法早就有崇慕之心，由此更加想把这位书法家弄回朝中。待蔡京被召回京后，宋徽宗当面对蔡京表示自己要恢复宋神宗的"新法"，蔡京一脸虔敬，顿首示忠，表示愿尽死力。为此，宋廷封蔡京为右仆射。

此时的蔡京，奸佞未显，天下人多寄希望于他，都认为他会帮助新君宋徽宗重振朝纲。可是，蔡京大权在手，任用私人，开始大折腾，致使平民富户纷纷破产。

为了表示自己的投桃报李之意，蔡京在任，升擢童贯公公为节度使，其后杨戬、梁师成等宦官纷纷领此方镇官衔，这破坏了不少宋朝本来的制度规定。为了收买军将人心，他新设四辅军镇，置兵八万人，以自己的姻亲为各部首长。这些将卒的饷俸是普通将卒饷俸的十倍以上。蔡京由此威福在手。

蔡京不仅"奸"，还很"贪"。在享受宰相俸禄的同时，他还给自己额外发一份"司空"寄禄钱，可以说是对自己"高薪养奸"。

在蔡京主持下，宋徽宗时期把曾经反对新法的"元祐党人"整得倾家荡产，妻离子散，贬窜死徙略尽，还刻名于石，遍颁天下，这就是历史上臭名昭著的"元祐党人碑"。如此阴狠老辣地打击政敌，在北宋一朝数蔡京动静最大，下手最黑。

宋徽宗时期，承平日久，国库中钱帛堆积。蔡京导引宋徽宗大兴土木，追求"丰亨豫大"。本来，宋徽宗在国宴上想用珍稀玉器盛酒，心中还怕引起国人议论。蔡京却说："陛下当享天下之奉，区区玉器，何足计哉！"如此小人，专拣宋徽宗爱听的说。

大观三年（公元1109年），由于台谏官争相弹劾，蔡京一度致仕。当时的太学生陈朝老追疏蔡京十四恶事，条条中肯:"渎上帝,罔君父,结奥援,轻爵禄,广费用,变法度,妄制作,喜导谀,箝台谏,炽亲党,长奔竞,崇释老,穷土木,矜远略。"

政和二年(公元1112年),宋徽宗想蔡京想得慌,又诏其回朝辅政。此次回朝,蔡京大修"文治",追封王安石、蔡确两个当时人痛嫉的变法首领为王爵,又劝宋徽宗花费巨亿,铸九鼎,建明堂,立道观,作《大晟乐》,在京师大兴工役,疲乏天下。蔡京的官运,中间虽有反复,但直到宣和六年(公元1124年),蔡京又领三省事,至此四次当国为相,坏事做尽。不仅他坏,他一家子不少人也坏,其子蔡攸、蔡儵(shū)、蔡翛(xiāo),其孙蔡行,四人皆官至大学士,视执政,还有一子蔡鞗(tiáo)娶了公主。

由于宋徽宗赐他的大宅子太大,蔡京年老不堪寒冷,觉得幕帘不能御寒。最后,老头子只能拣一间小工房当卧室,有福也不能享受。蔡京晚年,儿子蔡攸当权,与老父争权,父子关系形同水火,很似明朝的严嵩、严世蕃父子。一次,蔡京正坐家中与来客谈话,蔡攸忽然闯入,上前抓住老父的手为他把脉,说:"大人脉动缓滞,身体可能有不舒服吧?"未等蔡京回答,蔡攸急起,说"宫内有事",言毕匆匆离开。来客一旁发呆,不知这父子演的什么戏。

蔡京叹息:"您不知道是什么意思吧,这孩子是想咒我病，让皇上以病罢免我的官职。"不数日，果然朝中诏告下，命蔡京致仕。不仅如此，蔡攸由于愤恨弟弟蔡绦（tāo）常给老父出主意，因此在宋徽宗面前"极言其奸"，希望皇帝下旨杀掉弟弟。

蔡京自奉甚厚。这老哥们儿爱吃鹌鹑羹，每天这一道菜就要杀数百只鹌鹑，只取舌头来烹做，其余可以想见。蔡京另一样偏嗜是"蟹黄馒头"，每一次宴集，光花在馒头这一样东西上的钱就高达一千三百余缗，穷奢极欲。

宋人罗大经的笔记《鹤林玉露》记载，一个有钱的士人在汴京买得一妾，此女自言从前在蔡京家做厨婢，专负责做包子。士人高兴，一天，他专门唤来此妾，让她为自己做一笼包子，想尝尝"蔡府包子"。小妾皱眉，辞以不能。士人又疑又气："你从前是蔡太师家厨婢，又专门做包子，怎么推托不会呢？"小妾回答："我只是太师厨房内包子组负责切葱丝的，有好几十人专门做包子。"士人愧叹。

此外，蔡京用熏香，不似常人以香笼熏蒸，而是派人在堂屋旁边的屋子燃烧上好龙涎香数炉，然后，突然撤帘，香雾如瀑，四涌而进。面对客人惊诧之色，蔡京总会对人说："香须如此烧，乃无烟气。"

蔡京的儿子蔡攸后来与童贯、王黼一起兴伐燕之役，并作为童大公公的副手前往河北。陛辞时，蔡攸见有两个绝色美嫔立于宋徽宗座侧,他指着二人说:"臣功成后归京,请陛下以这两个美人赏赐我。"对此,徽宗皇帝笑而不责。

蔡京老奸巨猾,根据多年政治经验,他知道宋军乘人之危攻伐昔日的"友邦"不道德,更怕童贯、蔡攸兵败会牵连自己,便在京中作诗一首寄给蔡攸,以示他有"先见之明":"老懒身心不自由,封书寄与泪横流。百年信誓当深念,三伏征途曷少休。目送旌旗如昨梦,心存关塞起新愁。缁衣堂下清风满,早早归来醉一瓯。"

宋徽宗知悉此诗,丝毫不以老蔡的"讽谏"为意,做起诗评专家来,把"三伏征途曷少休"改为"六月王师合少休"。

昏君奸臣,无意有意,搭配得挺好。

宋钦宗继位,金人侵逼甚急。蔡京为保全宗族,慌忙率领家族南下。言官为此对他加以弹劾,钦宗皇帝深知其奸,把他贬至衡州安置,复贬岭南。行至潭州,年老多病又自觉恶贯满盈的蔡京终于死掉,终年八十一岁。

十分奇特的是,蔡京和他的祖父、父亲,三世同忌日,就是说祖孙三代皆在相同日子死掉,也算一奇。临死,老才子还作词一首:"八十一年住世,四千里外无家。如今流落向天涯,梦到瑶池阙下。玉殿五回命相,彤庭几度宣麻。止因贪恋此荣华,便有如今事也!"

蔡京身死，事未算完。他的儿子蔡攸、蔡翛皆伏诛，蔡
鞗死于流放途中，"余子及诸孙皆分徙远恶郡"。报应虽不
爽，却一点也不惨。因为，钦宗皇帝驱逐这些恶臣子孙后，
汴京就被金人围困，这些坏分子们因贬窜而逃出大难，反倒
是几个月前刚刚召还京城的正直大臣们的后代及家属惨遭荼
毒，即使不死，也皆被金人掳至北方，死得更惨。真是苍天
无眼。

值得一提的是，蔡京的儿子蔡絛也是一个大才子，他被
流放到白州（今广西博白）后，一直埋头著述，宋代笔记中
非常著名而且有史料参考价值的就有他在白州所写的《铁围
山丛谈》。在这部书中，他称宋徽宗为"太上"，称宋高宗为
"今上"，还记录了宋高宗南渡后约二十年的若干史实。白州
境内有铁围山，在今天的广西玉林西部，古称铁城。蔡絛被
贬之后，一直居住在白州，而且游历过铁围山，以此来命名
他的著作。《铁围山丛谈》这部书，记载了从宋太祖建隆年
间至宋高宗绍兴年间约二百年的北宋、南宋的朝廷掌故、宫
闱秘闻、历史事件、人物逸事、诗词典故、文字书画以及
金石碑刻等诸多内容，史料异常丰富，文字粲然可喜，是
一部主要反映北宋时期中国社会各阶层生活状况的鲜活历史
长卷。

蔡京四次入相（崇宁元年、大观元年、政和二年、宣和

六年），结党营私，不仅他一个人坏，其家族及由他援引的亲党枝蔓，一个比一个坏。他当得起"大奸臣"之名。

4. 太监童贯如何造祸宋朝

宋徽宗手下有个大奸臣童贯。童贯入宫之后，投靠在大太监李宪门下。李宪在西北作出过一番功绩。王韶"熙河开边"，他一直是监军，作战也很勇敢。宋神宗五路大军攻西夏，诸路损失惨重，唯李宪所率一军"持重"，死人丢物最少。

李公公打仗上瘾，又拥大军屯兰州，遭西夏五十万大军围困，几遭不免。李宪五十一岁病死，还被宋廷谥为"敏恪"（后改"忠敏"），结局很不错。权阉门下出权阉，童贯自是"门庭"光显，他本性巧媚，善探人主微旨。皇家专业服务行业出身的宦者，自然都是八面玲珑讨人喜欢。

宋徽宗继位后，在杭州设立明金局，即制作皇家专用奢侈品的专门作坊群，由童贯主持。巡视杭州时，童贯遇见了正郁郁不得志的蔡京，二人一见如故，成为好友。日后蔡京重新入京，童贯出力不少。投桃报李，蔡京拜相后，宋朝致意于河湟地区，蔡京就推荐童贯做监军，拥兵十万人，直奔青唐杀去。

童贯春风得意，纵马扬鞭，终于继承了恩公李宪大太监

宋徽宗赵佶《文会图》

的遗志，得以在西北展示威风。大军到了湟川，当时宋徽宗因内宫失火，认为是上天阻止他用兵，下诏命童贯勿行。童大公公很有魄力，读诏之后，放入靴中，没事人一样继续督促大军前行。旁边有人问皇帝有何"指示"，童公公一脸坦然，说："皇上让我们赶快成功。"可巧的是，命运青睐童公公，此次冒进贪功竟能一举成功，加上对手是功力不深厚的吐蕃、杂羌，宋军一鼓作气，收复四州之地。获得这个胜利之后，宋军在军营开庆功会。这时候，童贯大公公对众将士说："多亏各位了，如果这一仗没打胜，打败了，我童贯的人头这会儿已经不在我的脖子上了。"众将惊问："童大人，何出此言啊？"童贯这时候才拿出了宋徽宗的手诏，让众位将领看。众将一看，都惊呆了，都问童贯，大人您为什么不早说啊？童贯一脸忠义："唉，当时我要说了又能怎么办？这一仗还打不打？如果不打，对我军不利啊，将来还要多牺牲许多将士才能得胜。如果我把皇帝诏书拿给你们看，我们打了，万一打不赢，你们肯定就是违背诏旨，就与我同罪啊。我不告诉你们，自然就是打胜了全体都有功。万一失败的话，就我一个人违背谕旨，我一个人去砍头就行了！"众将听完童大公公这些话，感激莫名，齐刷刷地全部跪倒，深感这位大公公为自己着想。虽然身为监军，童贯却和前朝唐朝的许多大太监不一样，他和宋军将士算是结成了生死之交，童贯的威信由此在宋朝的西北军当中牢牢树立起来。而当时的宋朝西北军是整个宋朝军队的精锐和主力。童贯在西北军当中建立了威信，等于在整个宋朝的军队当中建立了威信。这也是童贯通过这次战役所取得的最大收获。

出手不凡，获得如此"奇功"，徽宗皇帝大喜，童贯得授景福殿使、襄州观察使,内侍太监能身兼两使,宋朝前无"古人"。

不久,童贯凭借手下大将出力,驰骋河湟,击破诸杂蕃部落,收复积石军旧垒以及洮州,宋廷又加其检校司空之职。其实,宋朝这期间在河湟击吐蕃获得大胜,和宋神宗时代王韶的熙河之役效果不尽相同。他这基本是为渊驱鱼,为丛驱雀,虽然把唃厮啰政权的继承者打得灰溜溜,但最终使得宋朝自己在西北丧失了最有力的同盟者。

童贯官越做越大,与宰相蔡京关系开始紧张,二人互相在底下琢磨对方。

政和元年(公元1111年),童贯以国使身份出使辽国,蔡京在宋徽宗面前表示不满:"以宦官为上介(国使),国无人乎?"不满也没用,童贯有拓地破敌之功,得封太尉、三镇宣抚使,又"签书枢密院河西北两房",接着"领院事",地位上与蔡京几乎相当,时人称蔡京为"公相",称童贯为"媪相"(就是"母相"的意思)。

童贯出使辽国,归途中,燕云一带的汉人马植秘密参见,献"平燕之策",童贯喜功,闻言大喜,把马植偷偷带回京城。宋徽宗接见后,马植献计,撺掇皇帝联络女真,合击辽国,趁机收复燕云十六州。好大喜功的宋徽宗自然听得受用,赠马植国姓赵,改名良嗣。赵良嗣受宋徽宗指派,以买马为名，出使金国，相约夹攻辽国。

宋徽宗在"御笔"书信中只要求得到"燕京并所管州城"，赵良嗣却和金人力争西京等地，金人说连皇帝都不提西京，关你赵良嗣屁事。至此，宋廷才知宋徽宗"御笔"误事。

此约由于是赵良嗣等人由登州渡海去谈判，故称"海上之盟"。

其后，宋朝简选健将劲卒，准备克日发兵。不巧的是，宋朝国内的方腊在睦州气势很盛，于是宋徽宗忙改童贯为江浙淮南宣抚使，统西北精兵十余万先去镇压方腊这一"心腹之患"。

江南地区因宋徽宗佞臣朱勔"花石纲"之困，不胜其扰。宣和二年（公元1120年）十一月，方腊起义，自号"圣公"，建元"永乐"，攻城略地。由于江南多年未识战事，各地守兵、人民一闻金鼓声即战栗束手，方腊之势"如火如荼"，连陷睦州、歙州、衢州等地，并进逼江南重镇杭州。

但是，首次遭遇童贯从西北带来的十来万正规军，起义军登时瓦解。方腊及妻子皆被活捉，起义军被杀近十万人。次年，方腊被杀。余部转战温、台等州，到宣和四年（公元1122年）四月，方腊起义彻底失败。

《水浒传》中讲宋江征方腊，乃子虚乌有之事，攻打方腊的真正主人公乃童贯。事后，童贯被宋徽宗封为太师。

童贯在南方拥大军"剿"方腊，金人已经把辽国打得大败,辽朝的天祚帝率残众逃入夹山。

这时候,率领宋军刚刚打败方腊的童贯踌躇满志,他掉头率大军直扑河朔地区。但是,这些打不过野蛮金兵的辽国残兵败将红了眼,忽然遇见乘人之危的宋军,却在白沟、范村、雄州等战中大败宋军。

童贯见状,忙上奏说军将不听指挥,诿过于人,大将种师道等人相继被贬。汴京朝中,王黼作相,也打算立功,便力劝宋徽宗趁着北辽皇帝耶律淳病死之机再让童贯出兵,派大将刘延庆代替种师道。

宋朝十万大军临边,辽朝涿州方面将领郭药师是墙头草,率八千汉兵在涿州、易州向宋朝投降。刘延庆高兴,童贯高兴,王黼和宋徽宗更高兴。

然而,接下来的事却让人悲伤。郭药师想为宋朝立功,卖力攻打燕京,宋将刘延庆爽约不至,郭药师惨败。刘延庆连辽军影子还没看见,听见鼓声就烧营而逃,半路于白沟竟然被辽兵追及,又是一场大败。

这次大败很致命,金朝把宋朝的实力看得一清二楚。谈判桌上,金朝答应向宋朝交割燕京周围地区,同时又勒索二十多万两白银的"犒军费"。

临行,金军把燕京及周边城市能搬走的东西都装车运走,原住汉人居民也全部被裹挟而去,宋朝到手的只是废墟而已。

虽如此，宋朝君臣上下却沉浸在前所未有的狂欢之中，似乎光复遗志终于在宋徽宗手中完成。至此，燕云十六州之地，已有近半地区复归宋朝疆域。

由于先前神宗有遗诏，"能复全燕之境者胙本邦，疏王爵"，童贯就成了太监历史上为数罕有的王爷——广阳郡王。

宣和五年（公元1123年）九月，金太祖完颜阿骨打病死，金太宗继位，下令燕地一带原辽朝降官和居民迁往东北后方。先前已降金的辽朝节度使张觉知道当地人民不愿迁移，便乘间以平州（今河北卢龙）、滦州（今河北滦县）以及营州（今河北昌黎）三地向宋朝投降

金朝大将完颜宗望（斡离不）大兵骤至，张觉仓皇逃入同为降将的郭药师营中，他弟弟投降金国，他的母亲和妻子都被金兵所俘。至此，金朝抓住借口，要宋朝交回张觉。这时候，赵良嗣恳求宋徽宗不要给金朝借口生事，让他不要接纳张觉的投附。贪心之下，宋徽宗先收纳了张觉。后来，他见金军勇猛，又心虚，又秘密派人杀掉张觉和他的两个儿子，把父子三人的首级送与金人。宋朝的此种出卖行为，使得本来是辽朝降将的郭药师非常疑惧，其手下常胜军再也不相信宋朝了。

后来，金军以渝盟为借口大举进攻宋朝，童贯一反昔日气冲霄汉的傲气，只率数万亲军，逃窜回京城。当时，宋钦

宗已受禅即位，下诏让童贯留守东京。童贯不受命，跟从宋徽宗往南逃跑。童贯的亲军号称"胜捷军"，都是他在西北精选出来的大个子士兵。宋徽宗过浮桥，京城的禁卫军卫士拦阻恸号，哭劝这位退位的太上皇不要离开汴京。童贯唯恐一行人跑不快，让自己属下的胜捷军将箭乱射，把皇家禁卫军的卫士射死百余人。

这一下，童大公公惹起众怒，继位的宋钦宗又一直讨厌他，就下诏把他贬窜于外。不久，宋钦宗派监察御史张澂追斩童贯于路。张澂在南雄州追及童贯。这位御史害怕童贯事先知道消息提前自杀，那样的话来不及明正典刑，就赶忙派一个官校乘快马飞奔，见童贯恭礼拜谒，说："皇上已派中使来赐大王茶药，召您赴京共商大计，听说是充任河北宣抚使。"

童贯起先还将信将疑："真的吗？"

官校跪禀："现在的将帅都是新进之辈，没有任何作战经验，主上（钦宗）与大臣商议多时，觉得再无任何人比得上大王您这样又有军功又有声威。"

童贯大喜，对左右说："看来，少了我还真不行！"

转天一早，御史张澂赶到，童贯起身相迎，众兵士上前，立时把他捆了个结实，押至人众处，宣示十大罪状，快刀落下，童贯的大脑袋终于落于尘埃。

宋钦宗知道童贯素来狡诈，怕他诈死，非要亲眼见他的人头。于是，张澂用皮匣注水银，装上童贯人头送往汴京。根据史书记载，童贯"状魁梧，伟观视，颐下生须十数，皮骨劲如铁，不类阉人"，他不仅身形壮伟，还长胡子，估计是当初阉割未净，又是二十多岁之后阉割，还有残存的雄性荷尔蒙而致。观其为人，他一反太监贪财的常态，很有度量，仗义疏财，后宫内的嫔妃太监宫女，包括扫厕所的净军，没有他送礼不到的人，故而能"善言日闻"，宋徽宗凡是听到有关童贯的话，没有一句是不好的。童贯气焰虽高，也有特别下不来台的时候。崇宁年间，童贯巡视边地，与秦州知州钱昂约见迟到。钱昂问："太尉为何来迟？"童贯心里不高兴，觉得这一小小知州竟敢问自己为何来迟，回答说："我所乘的骡子个小难骑，所以走得慢。"钱昂问："太尉乘的是公骡还是母骡？"童贯回答："公骡。"钱昂一语双关："公骡不好骑，阉掉这东西！"童贯愧怒，却又无可奈何。遇上士大夫"轴头"，确实不好办。

握兵二十年，权倾一时，童贯可以说是威风八面，但他造下的祸端，流毒四海，终致北宋亡国。

5. 王黼、朱勔皆恶人

童贯将赵良嗣引荐给了徽宗皇帝，赵良嗣也就是马植。

他其实很冤,他家世为辽国大族,绝非想发横财偷渡宋朝来走歪门邪道的混子。有的史书上讲他"行污而内乱,不齿于人",完全是瞎抹黑,一丁点儿证据也没有。

赵良嗣献策,本是出于对宋朝一片忠心,真正实行与否,决定权在宋朝最高决策者手中。如果遇上良主能臣,赵良嗣之计一一得行,未必是坏事。作为宋朝使者,赵良嗣在与金国交往中也据理力争,比起后来的秦桧要好上一万倍,而且从无出卖宋朝利益的言行。当然,宋辽和好百余年,确实要怪宋朝首先破坏盟约,但所有的一切源自宋徽宗君臣的好大喜功。

靖康元年(公元1126年),汴京几乎要陷落了,宋朝的御史还有心思弹劾赵良嗣,朝廷就把逃至郴州的赵良嗣逮住杀头。不仅如此,元朝史臣不知出于何居心,估计写《宋史》的不少人都是当时的宋朝文人,他们良莠不分,就把赵良嗣编入《奸臣传》,所以,在《宋史》中这位爷竟和大奸蔡京同传,真是千古奇冤。

由此可见,宋朝时期那些居住在邻国边境的有志汉人很难做:做好了,成为辛弃疾;做不好,就只能当赵良嗣了。

徽宗皇帝时期的"六贼"之中,还有王黼、朱勔二人,这两个人官大恶多,但影响力远不及蔡京,所以他们只在《宋史·佞幸传》中占有位置,还真上不了《宋史·奸臣传》

的"大台面"。

王黼，字将明，开封人，原名王甫。徽宗皇帝多才学，认为王甫二字与东汉一个宦官重名，赐名"黼"。不知是基因变异还是这王黼祖上有胡人血统，这小伙子"目睛如金"，眼眶子里面长着一双金眼珠，面若敷粉，长身玉立，确实在古人中是个另类，难怪令徽宗皇帝另眼相看。

王黼能说会道，人情练达，倒少了许多迂腐气。王黼绝非无才之人。他进士出身，功名既不是买的也不是捐的，是当初用功考上的。

王黼入朝后很快抱上大太监梁师成的粗腿，拿公公当爹。官员结交宦官，多因宦官是皇帝近侍，与皇帝亲近，能够递得上话。

宋徽宗宣和元年（公元1119年），王黼得拜特进、少宰，升官比火箭还快。趁蔡京致仕，王黼假装顺从民意，一改蔡京所为，改弦更张。很快，徽宗皇帝又加王黼少保、太宰。只要能把徽宗皇帝伺候舒服，富贵荣华一齐来。日后，王黼家中贵富，能够和徽宗皇帝的帝府看齐。

王黼一辈子做过的唯一一件"好事"，竟是考古。宋徽宗本人喜欢古玩，臣下们就大发墟墓，挖来不少宝贝。王黼奉诏，撰数十卷《宣和博古图》，其中详细开列宋徽宗宣和殿中所藏的历代青铜器、字画、玉器等，考证精严，追本溯源，详细注释了各种古物的出处、年代和典故。当然，此举此行，也是迎合皇帝，属于比较高雅的拍马屁。

江南方腊起义，王黼粉饰太平，没有及时上报宋徽宗，使得义军攻破六郡。最终，大公公童贯提十余万西北劲卒，才把方腊"剿"平。

童贯临行，徽宗皇帝全付以东南之事，并赐他有御笔行诏的权力，即根据实际情况，可以皇帝名义施行政策。童贯率大军到达江南，得知吴民大乱皆因"花石纲"扰民，这大公公当时挺有主见，就以徽宗皇帝名义尽罢江南一带为皇帝搜罗奇珍的应奉局，当地民心大悦，方腊起义被迅速平定。

闻知童公公立功，王黼不悦，便乘间向徽宗皇帝进言："方腊造反是由于盐茶专卖的缘故，童贯以皇帝您的名义下诏罪己，是归过于陛下。"

徽宗皇帝很恼怒。童贯大公公侦知消息，很生气，就想重新拥蔡京入朝做宰相以代王黼。王黼听说童贯要与蔡京联手扳倒自己，很害怕，便忙弥合与童贯的关系，支持童大公公伐燕取功。

本来宋徽宗因方腊起义已经把伐燕之事搁置，经王黼这么一撺掇，就又想兴兵。为让徽宗皇帝和童贯高兴，王黼专门设置经抚房，到处搜刮，得钱六千二百万缗，最终从金人手中买取五六座空城奏凯。

徽宗皇帝得到燕京等数座废墟后高兴得忘乎所以，看见王黼率百僚称贺，大喜之下，解自身玉佩以赐，优进他为太傅，封楚国公，并诏许王黼的仪仗与亲王相等。

想当初，宋朝在与辽朝结好的一百多年间，辽使入京，宋朝有关部门都会专门派人引导，到处绕行，一是不想让辽人知道宋的内部路程，二是以此显大宋疆域辽阔。此外，宋朝的宴饮接待也很平实。可是，王黼无一点远谋，急于求成，与金国打交道的时候，他命人派专车把女真使臣直接从燕京护送至汴京，而且金国使者还专门只走大道，七日即到。宴请金朝使节的时候，王黼大陈金银宝物，夸示富盛。所以，金国人由此知道了入侵的通道，对宋朝的金银财富也大生觊觎之心。

王黼豪奢，在东京就有两处大宅园，一在城西，一在相国寺东边，每座方圆数里。宅园正厅，皆以青铜瓦覆盖，宏丽壮伟，园中皆垒奇石为山，光是有题额的"风景"就有二十多处，梁柱门窗都是螺钿嵌饰，穷极工巧。宋徽宗本人参观王黼园宅，叹道："好快活的地方！"

王黼身为三公，与徽宗皇帝相处，全无大臣体统，完全是两个哥们儿亵游戏乐。宋徽宗效仿南朝昏君东昏侯，在宫内设集市，王黼戴乌帽穿小衣，装作卖肉小掌柜以博皇帝一笑。平日徽宗出宫微服私游，每次逾越宫墙，王黼皆撅屁股使马步在墙下给皇帝当板凳,君臣腻乎得很。宋徽宗对他恩宠至极,为其居室亲书大匾"得贤治定",完全当他是诸葛亮。不过,这位"诸葛亮"晚年也有失策时。一次,他家里的大柱子旁生出"蘑菇",估计是大块狗尿苔,王黼以为吉瑞,上报皇帝说自己家里生灵芝。徽宗皇帝亲临,对"灵芝"没什么印象,倒发现王黼家后院有小门直通大公公梁师成内宅。得知他交通宦官,还宫后,徽宗皇帝便下诏让王黼"致仕"。

宋钦宗即位,王黼惶骇入贺,吃了个闭门羹。金兵第一次入侵,老王也像别的奸臣一样,未等有朝命,忙携家南逃。钦宗皇帝大怒,下诏抄家,并授命开封府去逮捕王黼。开封府尹聂山同王黼有宿怨,就派武林高手在雍丘以南的一个村子追及王黼,一刀杀死,割头而去。金睛白面老美男子,终于难逃应有下场。

"花石纲"的始作俑者是朱勔。朱勔是苏州人。他的发迹,当由其父朱冲说起。朱冲,是底层劳动人民出身,在苏州混不下去,流落城外,得遇游方道人,这位道人送他几个治病的药方。朱冲回城,在市集摆小摊卖药,发家致富。这种神话,古今中外一直上演不衰,小药一卖,肯定有人当托儿有人上当,有了名气,钱就好赚。朱冲心气大,出手阔绰,结交不少达官显贵。

蔡京在杭州闲居,想筹建寺庙,僧人向他推荐朱冲。不几天,朱冲就请蔡京视察工地,巨木数千,到处都是。蔡京大惊,知道遇到一个能散财干事的能手。转年,蔡京入京为相,便带朱勔一同回去,把他父子弄入军籍中。白丁贱民,一下子变成有"军队背景"的能人,此乃朱家发达第一步。

得知徽宗皇帝钟爱奇花异石,朱勔与父亲朱冲赶紧商量,搜罗之后,果然从浙中搜得三株珍异的黄杨木,徽宗很满意。徽宗政和年间(公元1111年至公元1117年间),这种搜刮成为定式,称为"花石纲",并于苏州设置应奉局。

有徽宗皇帝这么大的"主顾",朱勔父子千方百计让他满意,天下钱任花。特别是延福宫和艮岳修成后,朱勔搜罗的奇花异木充溢其中。由于有如此"大功",朱勔被升为防御使一级的高官。

由于朱勔动静太大,东南民不聊生,最后连大奸臣蔡京都看不过眼,向徽宗皇帝讲起"花石纲"扰民太甚。徽宗下令,禁止朱勔占用官方运粮船,禁止挖墓毁屋。朱勔稍微有所收敛。不久,他又故态复萌,大兴土木,建道观神霄殿,并矫诏称他自己所居的苏州孙老桥一带被皇上下诏赐予朱家,强迫周围百户人口五日内清拆搬迁。当时政治黑暗,人民连自保也不敢,只得收拾东西仓皇搬走。

不仅如此，朱氏父子在苏州大兴园池，式样拟同宫禁，又招募数千人为私人卫士，流毒播于州郡，长达二十年。

方腊起义，打出的旗号就是"诛杀贼臣朱勔"。由于御史弹劾，朱勔及其子侄官职皆被黜落。方腊攻陷杭州，发现州府衙门贵宾招待所有数十人，皆锦衣金带。大刑伺候，才知这些人皆是朱勔家奴。所以，当时的谣谚称"金腰带，银腰带，赵家世界朱家坏"。

方腊起义被镇压后，徽宗皇帝好了伤疤忘了痛，宠信朱勔如旧。这个大商人在锦袍上绣上金手印，告诉别人徽宗皇帝常"以手抚之"。有时从内宫饮酒归来，他又用黄帛缠臂，与人交揖，一臂不动，表示说这只胳膊刚刚被皇帝拍过。

金人侵汴京，宋徽宗退位为太上皇，朱勔想得很美，拥戴徽宗南行，准备邀太上皇临幸其苏州老家，露把光宗耀祖的脸。

钦宗皇帝上台后，老账新账一起算，把他贬为平民，没收财产。核查数日，发现这个朱勔的田产竟有三十万亩之多，金银财宝堆积如山。大怒之下，宋钦宗把朱勔贬至循州（今广东龙川）。没多久，宋钦宗又遣使至其贬所当众把他斩杀。忙乎大半辈子，搜罗金山银山，最终朱勔还是在岭南小县城把脑袋喂了大刀片子。

6. 徽宗朝的太监们

宋朝大太监虽然有名，但祸国殃民的坏分子太监，几乎都出自宋徽宗一朝。

宋太祖开国初期，内宫只有五十几个宦者以供洒扫杂役，严令宦官中年后方可收养子为后代，下诏严禁官员私自蓄养阉人，民间有私阉孩童贩卖得利者，可处以死罪。

晚唐五代的宦官之祸，宋初之人仍记忆犹新。太监王继恩于宋太宗有拥立之功，但是太宗坚定地不予他宣徽使之官。宋真宗想以太监刘承规为节度使，大臣们也一片反对声音。仁宗、哲宗两朝太后听政，如果此类事发生于汉、唐，早已是大公公们耍威风的年代，但太后与太监一并受制于宋朝"祖宗严法"，又有群臣牵制，防微杜渐，确实没有出格的祸患。

对西夏战争中，虽一直有李宪等大公公掌兵当元帅，可败退致祸的原因基本与他们无关，这些人反而小心翼翼，还帮过不少小忙。主要原因在于太监们手中一直没有掌兵的实权，作为人主的皇帝，喜则用之，怒则退之，他们基本搅不出大祸端。

宋徽宗之前，北宋对宦者有完全区别于士大夫的阶官任命。景德年间，地位最高的宦官也不过是"从五品"，且与士大夫清流之官泾渭分明。可见，北宋的宦官之所以不能酿巨祸，与当时政治制度有深刻关联。《宋史》中的《宦者传》，其中有超过一半的宦者评论是正面的，"淳谨""公忠"等褒义词不少。

太监们也有自知之明，大臣彭孙拼命巴结宋神宗宠信的大公公李宪。一次为李公公洗脚，彭孙谄媚说："太尉啊，您这脚丫子真香啊！"李宪又笑又恶心，一大脚踹在彭孙身上，骂道："你这个小子，谄媚太过！"

童贯大公公封王拜相，确实也有平方腊、招西北的功劳，虽为祸不小，但也绝非北宋灭亡的终极原因。

到了宋徽宗时期，公公们的权力最盛，以梁师成、杨戬、李彦最有名。

梁师成，字守道，自称是苏轼的私生子。对此，无论是后世史书还是当时的宋人笔记一直含混支吾，估计有八九成是真。苏东坡名声一直很好，当时、后世之人都不忍心他"生"出这么一个坏种（何况梁师成是个太监），所以一直没人就此事"炒作"。据说，苏轼家里有个侍妾，离开苏家的时候已经怀孕，后来就生下了这个孩子。当时苏轼在流放辗转中，也未能顾及这个私生子。或许是真的继承了苏轼良好的基因，梁师成自幼聪明好学，起先在宫内隶属于太监贾详的书艺局工作。由于他善于揣摩圣意，察言观色，逐渐得到宋徽宗的赏识和信任。贾详死后，梁师成便管理睿思殿文字外库，负责出外传布上旨。由于梁师成性情慧黠，还懂得文章，在宦者里面算得上高级知识分子，他一直负责撰写圣旨草稿什么的，这在宫内是很荣耀显赫的工作。政和年间，宋徽宗尤其宠幸他，并把他的名字划入进士名籍，光耀一时。他主持修建明堂，并因此得授节度使，最后得拜检校太傅、太尉（三公之位，梁公公竟也能得其二）。由于权大势大，梁师成干了不少假造圣旨、买官卖官的事情。

深知宋徽宗喜欢"符瑞之事"，梁师成奉迎谨慎，深得皇帝欢喜。这位公公很会用权，挑选善于模仿皇帝笔迹的书吏跟从左右，常常仿写任命诏令，与真诏令混杂在一起，外廷无人能辨。

大臣王黼就靠梁师成发迹，并拜他为父。蔡京父子也相继谄附，时人称梁公公为"隐相"，即幕后宰相。只要士人能出钱百万，梁公公一定会答应给对方廷试的机会，甚至他自己的一个仆人储宏也以此得中进士。进士当成了，储宏仍安心"本职"工作，天天在梁府为公公铺床叠被。

梁师成贪财爱钱，但也有一功。宋神宗死后，北宋朝廷就一直存在新旧党争，双方你方唱罢我登场，常常意气用事，为了反对而反对。宋徽宗时期，宰相蔡京自诩新党，就下令把苏轼的文章给禁了，朝廷还以谕旨的名义下令把苏轼流传在民间的文字都彻底毁掉。如果当时蔡京等人计划得逞，即便后人再用功整理苏轼文章诗词，估计也会有不少遗失。由于梁师成自认为是苏轼私生子，力挽狂澜，在宋徽宗面前申诉："先臣何罪！"由此，"（苏）轼之文乃稍出"。现在苏东坡文集洋洋数卷，和当初梁公公的挺身保护大有关系。

苏轼的儿子苏过呢，虽然从辈分上讲是梁公公的兄弟，但也拿这位气焰熏天的公公当爹一样礼敬。老公公以苏东坡遗腹子自居，自然对待苏过如亲兄弟，并对宫廷内库的官员讲："苏学士（苏过）支使一万贯以下任其使用，不必向上汇报。"可见，梁师成对于老苏家真是仁至义尽。

徽宗晚年，最宠爱他的儿子郓王赵楷，而赵楷也非常想坐上太子位子，别看梁师成是个公公，却竭力保护太子赵桓。不久，金兵南下，吓得宋徽宗赶忙传位给太子，他自己东下避难。本来作为宋徽宗的亲信太监梁师成应该和宋徽宗一起跑的，但梁师成自恃和宋钦宗有旧恩，就特意留守京师。由于先前梁师成恶迹斑斑，宋钦宗登基后不少人希望新皇帝诛除宋徽宗时期的奸臣，太学生陈东等人纷纷上书，要求宋钦宗严惩梁师成。大臣们不仅指斥"六贼"乱国，有人还直斥梁师成是大太监"李辅国"那样的人物，必须诛杀，为此，吓得梁师成天天不离钦宗皇帝左右。宋钦宗本来无意处置先前保护过自己的梁公公，但是舆情也不能不顾，就趁着当时围城的金军索要珍宝的时机,派梁师成离开内宫作为使臣到金廷去献宝。出宫不久,在大臣们的强烈要求下,为平息民愤,宋钦宗下诏历数他的罪状,把他贬为彰化军节度副使。没走多久,梁师成就接到宋钦宗的一纸诏书和一道白绫。当年苏轼回顾一生,心生感慨赋诗一首:"人皆养子望聪明,我被聪明误一生。惟愿孩儿愚且鲁,无灾无难到公卿。"当然,苏轼这首诗是悲愤郁结、看透世事之言,只是梁师成不仅不愚且鲁,更是精而猾之集大成者。东坡先生的这位私生子梁师成,确实聪明,他在北宋做到的官职和取得的成就以及名声远远比苏轼那几个正牌儿子大,却死于他自己的"聪明"上。他这么处心积虑地玩弄权术,最终被宋钦宗赐死。

说了梁师成,我们再说杨戬。杨戬,自幼阉割入宫,主管御花园,崇宁年间有宠,主掌大晟府等"形象工程"。政和四年(公元1114年),杨公公已经有节度使的封号,与梁公公地位相当。不同的是,梁师成是东宫派,杨戬是郓王赵楷一派,有动摇东宫之意。杨公公最大的"贡献"是敛财,立法逼索人民田契,然后更为国有,增立租赋。杨戬这个人虽然是太监,体内的隐形荷尔蒙还挺旺盛,他经常依靠权势,强取豪夺,在府中养了不少美女,蓄养大量歌姬和婢女。杨公公在宣和三年(公元1121年)即病死,宋徽宗还追赠这位财神公公为太师。

杨戬死后，太监李彦接掌其职权，他大肆搜刮民间良田，把居民田契收上来后就一把火烧毁，然后就说是公田，致使千万户人家流离失所，真是缺德到冒烟。如果有人诉冤，李彦马上指使官府重办，不把人弄死不罢休。他四处为宋徽宗搜罗奇竹异木，单单是从岭南弄一棵龙鳞荔枝树到汴京，就能花费百万缗，他事可以联想。李公公四方罗致金银，为了敛财确实"兢兢业业"，当时人称："朱勔结怨于东南，李彦结怨于西北。"

宋徽宗当初花费无数钱财建造艮岳，靠人工从平地堆出来一个连绵假山，因为按八卦方位，那个地方处于艮位，所以称艮岳。艮岳建造的原因十分荒唐。宋徽宗嫌自己儿子生得少，就听信道士刘混康的说辞，认为宋朝汴梁京城东北角的地势太低才导致如此，所以徽宗皇帝就派人在汴京的东北方建了一座假山。巧合的是，这座艮岳假山建成后，宋徽宗的后妃还真一连给他生了几个儿子。宋徽宗从此更加信奉道教，而且还对艮岳不断进行扩建，最终方圆达十多里，主峰高达九十步，漫山遍野地修造宫室楼台，富丽堂皇不说，李彦等人还弄了无数的珍禽异兽纵放其间，名贵花木更是漫山遍野。李彦等人为了巴结徽宗皇帝，还制造云雾缭绕和绝类仙境的效果。他们用油绢制造了很多口袋，把这些大口袋浸湿后张挂在岩石上，到了清晨，等这些湿润的绢袋里面吸满水蒸气后，就赶忙扎住口袋。每当宋徽宗到来时，李彦一声号令，宦者们就一齐把口袋打开，忽然之间，水蒸气弥漫到山间树丛中，使得艮岳宛如仙境。李彦等人谄媚地对徽宗皇帝说，这可是"贡云"啊。

折腾那么久，民怨沸腾。直等到靖康年间，宋钦宗继位之后，很快就有一根牛筋送到李彦面前，李公公只能把脖子往上挂，与梁师成前后脚，到阴曹地府去报到。

宋徽宗做皇帝，只在开始的一年有善可陈。而后，小人迭进，蔡京擅权，天下逐渐成大乱之势。二十多年间，君也戏来臣也戏，皆拿国事、政事、边事、民事不当回事。君戏臣，臣戏君，上下相瞒，粉饰太平。

"君不似乎人之君，相不似乎君之相，垂老之童心，冶游之浪子，拥离散之人心以当大变，无一而非必亡之势！"（《宋论·徽宗》）

7. 金军第一次围困汴京

徽宗皇帝和大太监童贯等人与金国相约灭辽国，不仅大便宜未得，还暴露出自己军队战斗力低下的缺点。金太宗审时度势，于1125年深秋下达诏令，整合军队，开始了对宋朝的全面进攻。

金军两路攻宋，完颜宗翰（粘罕）为左副元帅，攻太原；完颜宗望为右副元帅，攻燕京。最后的目的地，一齐指向宋朝都城——东京汴梁。金军猛攻开始，一向骄傲自负的大公公童贯率先逃跑，直窜东京。

而在燕云地区，早就首鼠两端的辽朝降宋将领郭药师深恨宋朝对他不够好，他抓住宋朝的燕山知府蔡靖，连同燕京城一起作为"见面礼"，向金国投降。

郭药师是渤海铁州（今辽宁大石桥东南）人，辽朝末年，契丹人将亡国之时，招募辽东因女真人进攻而流离失所的汉人饥民，"使之报怨于女真"，组成"怨军"，郭药师就被委任为这支部队的头领。后来，"怨军"又改称为"常胜军"。

郭药师与女真人有仇恨；降宋之后，宋徽宗亲自在京城接待他，礼遇甚厚，赐以甲第姬妾，数次在内宫宴饮。宋徽宗让他捉住辽朝天祚帝"以绝燕人之望"，他涕泣拒绝，表示不忍心追逐昔日"故主"，宋徽宗"以之为忠"，更信任这位降将，解自己身上珠袍并两个大金盆一并赐予郭药师。

不久，宋廷下诏拜其为太尉。郭药师凭借宋朝赏赐，筹兵至三十万众。宋徽宗听说郭药师一军一直不改军服的服色，仍旧左衽（汉人右衽），就派童贯大公公以巡边为名，监视郭药师的行踪，怕他向金国投降。

童贯到达之后，郭药师纳头便拜。大公公感动，说郭元帅你官位与我一样是太尉，干吗行如此大礼。郭药师一脸忠贞："太师您就是我再生老父，别的我一无所知。"

而后，郭药师又向童贯演示战斗阵法，喜得大公公眉飞色舞，早已忘记徽宗皇帝让他见机行事把郭药师裹挟回京的诏旨。

不久，金国大军忽然杀到，郭药师手中虽有精兵数十万，却立即敛手投降迎拜，反过来充当先锋向导，向东京杀来。而后，两次攻宋，郭药师均为金军得力鹰犬。

当时，金军久攻太原不下，宋朝军民在张孝纯带领下拼死防守。完颜宗翰边围城边分出一支兵马仍旧东进。宋朝忽闻金兵大至，上下乱成一团。徽宗皇帝首先想到的，一是跑，二是和。于是，他匆忙派大臣李邺火速前往金营讲和。

李邺回来之后，以自己亲眼所见，在朝堂上大讲特讲金军的强盛："人如虎，马如龙，上山如猿，下水如獭，其势如泰山。"夸完对方之后，他得出结论："中国（宋朝）如累卵。"鲜明生动，比喻恰当，扬敌人志气，灭自己人威风，把殿上的大臣和开封军民都气得够呛。

宣和七年（公元1125年）十二月二十三日，又惊又吓得了半身不遂的宋徽宗把帝位内禅给太子赵桓，自称太上皇。宋钦宗继位，改元"靖康"。靖康之意，希望国家安定大吉。其实，当时的"太上皇"宋徽宗也才四十四岁，壮盛之年，又惊又吓，这才不得已内禅退位。

宋钦宗继位后，心急火燎，严令宋将死守黄河一线。但是，宋将梁方平等人皆是酒囊饭袋，金人还未近前，皆望风而逃，大股大股的金军五天内竟全部安全渡过黄河天险。

在李纲等人的坚决要求下，宋钦宗下诏亲征。而宋徽宗一行却脚底抹油，往江南方向逃窜。

李纲虽是文臣，但临危受命，在东京城外布防，最终使金军死伤万余也不能破城。完颜宗望等金军将帅知道不能攻入汴梁，就遣使讲和。

心中没底的宋钦宗看见和约就如同溺水之人看见有人伸来一根木棍，马上抱住，照单全收。这个和约规定：钦宗称金太宗为伯父，原燕云一带的汉人都归金国，宋朝割太原、中山、河间三镇给金国，并向金军纳金五百万两、银五千万两做军费。

不仅钦宗主和，朝中大臣多是怕死之人，宰相李邦彦坚决支持和议；中书侍郎王孝迪为了凑齐金银孝敬金军，在朝中一个劲儿吓唬臣僚，倘若不给金银不讲和，金军攻入东京后，"男子杀尽，妇女掳尽，宫室焚尽，金银取尽"。在这种"大形势"下，宋钦宗派宰相张邦昌为计议使，并遣自己的异母弟弟康王赵构为人质，到金营议定和约。

此时，不仅宋朝大臣李纲在京城四周严密布防，宋朝各地的勤王兵马也陆续而至,特别是西北名将种师道、姚平仲相继率劲卒赶至,他们都主张不与金人讲和。

种、姚二人及其手下的西北精兵,一直与西夏打仗,故而作战经验丰富,比起京城禁兵,他们见过大场面和真敌人。

姚平仲首先布置奇袭,想夜中劫营,不料,城内的宋朝主和派故意把消息泄露给金人,偷营失败。金军统帅完颜宗望大怒,派人斥问宋朝为何失信。钦宗皇帝又惊又怕,下诏罢免李纲和种师道的职务,谢罪之余,马上完成了三镇的交割条约签字仪式。

东京城内,民众沸腾,百姓冲进各处宫门,太学生陈东率数万人诣阙上书,要求重新起用李纲等人,并指斥"六贼"祸国,罪不容诛。

城外的金人得了三镇(只签了交割条约,实际上并未完成交割,三镇还在宋军手中)和无数金银,见来援宋军日渐增多,怕夜长梦多,见好就收,便收兵而去。

汴京被围一个多月,终于暂时逃过一劫。

宋钦宗本人此前一直深恨父皇徽宗左右的一帮奸佞之臣(特别是好几个人一直想动摇自己的太子之位),趁京中百姓闹事,就下诏先处理了王黼、梁师成、李彦、朱勔等人。不久,钦宗下诏远流蔡京,还下令处决了蔡攸兄弟。宋钦宗的上述举动,一方面是平民愤,一方面是报私怨。

宋徽宗东南之行，逃跑路上，群臣从行的越来越多，大多是他当国时的宠臣。特别是蔡京和朱勔，二人在江南经营数年，根深蔓广，完全可以拥宋徽宗至江南自成一国。

宋钦宗很气愤，针锋相对，连下数道诏旨以抵消父亲徽宗皇帝在当地自颁的"圣旨"。各地官员望风乘旨，逐渐地开始慢待宋徽宗这位"退休"皇帝。

徽宗皇帝本来在江南民间因多年"花石纲"就没给人留下好印象，一行人沿途又大肆侵扰百姓，处处怨声载道，民变一触即发。最让徽宗皇帝及其左右揪心的，是童贯带来的数万"胜捷军"，这些军人基本都是西北人，他们大老远背井离乡跑到江南，都不想再继续走，郁郁思乱。

徽宗皇帝当然知道从前江都的隋炀帝是因何而死，天天心惊肉跳，不得已，只得率众人向回转。

金兵撤围离开之后，宋钦宗更加稳固了自己的地位，便逐一下诏，铲除徽宗皇帝从前的旧人，最终把童贯也解决掉。

徽宗皇帝回返途中，又想去河南府（洛阳）暂住，被钦宗皇帝一口回绝。这位宋钦宗再"仁懦"，也不能容忍父亲在洛阳"另立中央"。失势的宋徽宗丧家犬一样返回汴京，被软禁在龙德宫，左右几个亲随太监也被钦宗下令扣押。

成了高级囚徒的宋徽宗一下子"英明"起来，他深知金兵会再来攻城，哀求儿子钦宗皇帝准许他去洛阳招兵买马。宋钦宗好不容易成为真皇帝,哪里肯让老父出京抓兵权,他断然拒绝父亲所请。无奈之余,宋徽宗建议钦宗皇帝,说我们父子一起到江南一带"巡幸",其实就是哀求儿子皇帝和自己一起赶紧撤离汴梁这个四战之地,结果,又遭宋钦宗严词拒绝。

这时候,宋徽宗想和儿子宋钦宗亲自会面都难。失势的徽宗皇帝每每在书信中尊称儿子为"陛下",自称"老拙",仍不能打动忍受惊怕多年的儿子钦宗皇帝。

靖康元年(公元1126年)十月十日天宁节(徽宗生日,其实他是阴历五月五日生人,当时风俗,此日生人极不祥,故改为十月十日),钦宗皇帝不得已去龙德宫为徽宗祝寿。徽宗皇帝本人先自饮一巨觥,然后亲自斟酒与儿子。钦宗皇帝的随从忙踩他脚跟,暗示皇帝不要饮此酒,害怕太上皇的酒中有毒。于是,钦宗皇帝坚执不饮。徽宗皇帝见此,号啕大哭,掩面入内。而后,钦宗下令严密封锁龙德宫,徽宗再也无法得知宫外的任何消息。

此外,宋钦宗为了和金国议和,已经贬李纲出外,同时派康王赵构持国书使金议和。赵构一行人行至磁州,宋将宗泽力劝赵构不要前去金军那里,以免被对方扣押。于是,赵构折转南下。

靖康元年(公元1126年)秋,完颜宗翰、完颜宗望重新集结军队,依样画瓢,又分两路往汴京杀来。宋朝的太原城被围一个月,军民死伤惨重,终于被金军攻下。不久,真定府(今河北正定)也被金人攻陷。差不多同时,身在京师的宋朝名将种师道忧愤而死。

8. 金军再度围困汴京

靖康元年(公元1126年)十一月,金军杀至河阳(今河南孟州),河对面,有宋朝大将折彦质率领的十二万宋军扎营候阵。金军玩心理战,架起几百面牛皮大鼓,连夜派人轮流猛敲,声声不绝。转天一早,竟然发现折彦质与十来万宋军跑得一个不剩。由此,金军兵不血刃,渡过了黄河天险。

折彦质,是宋初开国大将折德扆后代,他的祖上世为云中大族,党项人血统,折氏家族为宋朝立功颇丰。折彦质本人是武将家子,又是进士出身,真说得上才兼文武,第一次汴京被围他就积极勤王,后来又辅助李纲赴援太原,与金人血战。黄河守战,倒不是他本人多胆怯,而是他手下的宋军兵将都是软蛋,未战即溃,作为领军主将的折彦质当时也无可奈何,只得随溃兵而走,并因为大败被贬至永州安置。宋高宗南渡后,折彦质被重新起用,后因反对议和,他被秦桧排挤出朝。绍兴三十年(公元1160年),折彦质病逝,"每以家世忠节不得归中原为恨"。据传折德扆有一女名折赛花,曾率兵打败辽朝的耶律敌烈。此事见于当时的笔记小说《吴中金石记》，正史不载。宋朝之后，各地的地方志都爱拉历史名人作老乡，所以清朝的《保德州志》等就煞有介事地说"折"与"佘"音近，折赛花就变成了"佘赛花"，继而演变成"佘太君"，最后被评书艺人那么一拉郎配，与杨家将弄在了一起，演绎成"杨家寡妇征西"的故事，其实正史上根本没有那么回事儿。

十一月十八日，汴京戒严。近城居民闻知金兵再来，肝胆摧裂，流离迁徙，不绝于路。又有一些军纪败坏的宋军军士和民兵乘机作乱，烧房毁屋，抢夺财宝。

十一月二十日，宋军探马数百人出城游探，为金军前锋兵杀掉。惊恐之下，宋钦宗忙遣耿南仲使河东，聂昌使河北，向金国交割三镇城池，并示乞和之意。此时，金兵压境，已兵临城下。

十一月二十三日，由于形势危急，宋廷命京城内军人、百姓，甚至僧道徒众也要上城守御，任命了一大批四城守卫官员，机构重复，指挥混乱。过了两天，金兵前哨尖兵已在开封城外纵马，士庶莫不惊惧。

十一月二十六日，完颜宗翰、完颜宗望两支金军合军，屯于汴京城下。来攻的两路金军共十万人马，一路上又驱掳役使汉人，在汴京城下运石伐木，大造攻城器械。

靖康元年（公元1126年）闰十一月初一日至初三日，宋钦宗亲临南城、西城和北城，鼓舞斗志。皇后本人也与宫人亲自缝制衣被和护领棉套，分赐将士。闰十一月初四日到初六日三天，金兵猛攻通津门、宣化门、善利门，矢下如雨，炮石当空，楼柱摧破。幸亏宋将姚友仲在三门内设"拐子城"，加强防御工事，金兵才未能攻破三门。

金兵再来之前，就有人上言，汴京形如卧牛，金人至，必猛击卧牛头部。但没有人做任何防御措施。幸亏姚友仲此前有"拐子城"设防，否则，城池早就失陷。金兵一路破关杀人，直至汴京开打，宋廷上下都还心存侥幸，希望宋金和约能再度达成，金兵能和上一次一样退兵讲和。

闰十一月初九日，金兵猛攻善利门和通津门，在护城河上叠桥取道，被姚友仲用床子九牛弩和石炮击杀不少。叠桥，在当时是一种十分先进的攻城战术。首先，用木筏浮于水面，上面铺干柴和苇席，一层一层铺上土，"增复如初，矢石火炮不能入"。此种手段，均是金人逼迫汉人工匠建造。叠桥进攻不成，金军架设火梯和云梯，其中高大者可高于城墙，梯脚皆用车轴推行，十分灵活。金军招数用尽，还是没能攻入城内。当时把守京城城墙的宋朝守军英勇，人立如山，箭下如雨，金军无可奈何。

闰十一月中旬，宋钦宗又亲自巡城，他不顾大雪苦寒，戎服驰马，高举双手挥舞，激励士兵守城。十五日至十八日，金军攻城愈急。

即使如此，宋使金使仍在交战中相互往来，穿梭复命。为此，京城之内的老百姓莫测其故，不知朝廷到底是战还是和。

宋将姚友仲等人上奏，要求朝廷尽快下决心马上列出条件议和，以为缓兵之计，结果朝廷都没有答复。其实，金军初来之时，姚友仲就与诸将商议，乘金兵远来疲敝，突发六万精兵出击，出其不意，必能击溃来犯敌人。但当时的宰相唐恪主和议，不让宋军主动出击，丧失了绝好机会。

闰十一月二十五日，大雪，酷寒。城南有红光横亘，其色如血，至晓不消。金兵乘大寒天气，猛攻通津门、宣化门。最最关键时刻，宋朝使出最后"绝招"，派出"大气功师"郭京作法，领六甲正兵七千七百七十七人，大开宣化门迎敌。

宋徽宗即位之后曾经疯狂地推崇道教，就是让全国人都信道教，京城内也聚集了一大批方士。这些方士为了表示自己有本事，没事就表演"特异功能"，所以不少大臣和老百姓都相信道教的法术确实还是真的。金军兵临城下之后，同知枢密院事孙傅忽然就想到要用法术退敌。而当时京城中有一个叫郭京的大能人，会撒豆成兵什么的，而且他就在汴京城内，在禁军中担任副都头。找来一看，郭京果然仙风道骨的，相貌奇特，而且还谈吐不俗。别看郭京是禁军中的低级军官，见到孙傅这样的大官，依旧侃侃而谈，一点都不拘束。病急乱投医，孙傅就说，如今国家有难，你既然身怀绝技，应该为国家出力。郭京一拍胸脯说，没问题，我肯定有能力退敌，但是，如果要我来退敌，必须组织一支"六甲神兵"。六丁、六甲是道教的神名，六丁神为阴神，六甲神是阳神。为了保证"六甲神兵"的质量，郭京还要亲自招聘面试，要看报名的人的生辰八字合不合这个六甲神兵的标准。至于会不会武艺无关紧要，打没打过仗也无关紧要，只要生辰八字合"六甲神兵"的要求，就能参军。至于人数，不用特别多，七千七百七十七个，恰好符合"六甲神兵"法术。

孙傅将信将疑。郭京说绝对没有问题，"六甲神兵"练成，解汴京之围小菜一碟，他们还要把这些围城的金兵全部打回老家！孙傅听郭京这么一说，特别高兴，赶紧把这个事向当时的宰相何㮚汇报。都是病急乱投医，何㮚也相信这个郭京是世外高人。汇报到钦宗皇帝那里，钦宗皇帝将信将疑，但这时候也顾不上别的了，既然宰相和枢密院的孙傅都说这人能行，那就是他了，赶紧起用他。

于是，郭京就开始在京城内负责招募"六甲神兵"，总共招了七千七百七十七人，大多数都是些没任何作战经验的普通百姓，也有不少街头混混。招足了七千七百七十七人，郭京还不动。孙傅问其故。郭京神神秘秘地表示，自己需要一股强大的阳气催着才能破敌，到时候法术才能管用。而所需的阳气，必须经过采阴补阳。孙傅马上派人在城内四处搜罗美女，全部送往郭京的兵营供他淫乐。即便如此，郭京还是一直借口自己阳气不够足，拖着不去出战。都到了闰十一月二十五日这一天，金军攻城的形势非常危急，当天的天气非常恶劣，严寒加大雪，守城宋军的手都冻得拿不住兵器了，金军还是拼死攻城。

　　孙傅就找到郭京说，如今京城危险至极，金军马上就破城了，皇帝说，你必须率领"六甲神兵"出战。熬到现在，郭京知道今天是推不过去了，于是，他开始出兵。在郭京指挥下，这些"六甲神兵"穿戴整齐，每个人的脸上还都画上五颜六色的奇怪脸谱，七千七百七十七人都开拔到城下。郭京就手持符咒，亲自登城指挥。登到城上以后，他还对周围的宋军将士说，等一会儿自己做法的时候，会有很多神灵来附体。神灵附体的时候，绝对不许有任何闲杂人等在边上影响，所以，现在你们都必须马上下到城内。负责守城的宋朝大将张叔夜觉得这事有点不靠谱，就建议道，为保万全，自己还是带领一支军队埋伏在城墙下面吧，如果郭将军能大获全胜最好，但若"六甲神兵"有什么闪失，自己也好率领伏兵策应，阻击金军。郭京马上吹胡子瞪眼发脾气，绝对不行！但凡左右有人在，就会影响自己的法术。你们这些兵士，必须马上后退，而且还要距离我数里之遥，否则自己这个法术就不灵了。宰相何㮚和孙傅一听，只得劝张叔夜服从命令，让所有的守城部队全部撤下。

郭京把城上城下所有的宋军驱赶开之后，就仗剑在城头上，嘴里念念有词地开始作法，又是念咒又是舞剑，上蹿下跳的。鼓捣了一会儿，他就命令大开城门，命令他豢养的"六甲神兵"杀出去。

郭京这些"六甲神兵"忽然冲出汴京城的宣化门，正在拼命攻城的金军当时还真吓一跳，因为这些喊杀冲天的兵士脸上涂满了色彩，五颜六色，神头鬼面，是一帮鬼怪一样的怪物。金军本来就信巫鬼什么的，看到这些人冲出来，精神一下子就崩溃了，呼啦啦掉头就往回跑。先前守城的宋军一看，金军撤退了，于是都高声欢呼。人在近处的何㮚和孙傅异常高兴，马上翻蹄亮掌去找宋钦宗，报告说金军现在被"六甲神兵"打得落花流水败退走了。宋钦宗一听，马上命令大赏。

9. 徽钦二帝成俘囚

当时在城下指挥攻城的金军元帅右监军完颜希尹是金朝元帅宗翰的得力助手，此人平时也懂一些道教和佛教的法术和幻术。看到退下的金军急赤白脸地大喊有神人帮助宋军作战，他马上登高望远，仔细观察之后，完颜希尹乐了，对金军总指挥宗翰说，宋军现在没招了，才想出这么一个装神弄鬼的法子，您现在一定要下死命令，全力反击登城攻击，后退者斩！宗翰精神抖擞，即刻发布重新攻城的命令。这时候的金军重新集结，又开始往回杀。结果，郭京手下的所谓"六甲神兵"，都是些市井子弟，完全没有打仗经验，刚才作为表演赛还行，如今看着凶如虎狼的金军呐喊进攻，一下子都原形毕露，马上被杀得鬼哭狼嚎，连滚带爬地往城里跑。金兵尾随着败退的"六甲神兵"就攻入城门了。本来，如果按照先前张叔夜的建议在城门内设下伏兵，金军还会遭受重创，但因为郭京的吓唬，张叔夜的兵马已经被屏退到数里之外去了。所以，金军的大队骑兵很快突进城内。这时候，人喊马嘶，汴京城其他城门的宋军一听，以为东南方的城门已经被金军突破了，意志力都没了。

金军步兵开始安排云梯登城，迎敌官军至此再无战心，虽然排布如云，无一人用命，皆下城遁避，守御官吏相继奔走。金兵又施火攻，接踵而上。城下，金军铁鹞子方阵开始进攻，鼓噪而行，上下呼应，汴京终于各门溃败。宋军士卒下城，投戈散地，四城数十万众弃城而下（只有北城多坚守了一天）。

城内居民也是惊扰非常,号呼奔走。而溃败的宋国将士不少人怨气冲天,乘乱劫杀,一路上死人无数,连宋朝大将姚友仲也被乱兵所害,将士、使臣、宦官被害者不可胜数。

傍晚时分,金人四处纵火,四个城门尽被烧毁,火借风势,成片的王公大宅和居民住宅被烧毁,城内劫掠杀掳,火光亘天,达旦不灭。当夜,金兵因为天黑,并未进入城中,在城内杀掠抢劫的"主力"皆是宋朝溃兵。

不到半天的工夫,就在闰十一月二十五日这一天,所有汴京城的城门,都被金军攻占了。可见,如果没有让郭京指挥所谓的"六甲神兵"出城攻击,汴京的情况还不至于到这个糟糕至极的地步。

闰十一月二十六日,京城百姓害怕被城外金军冲入屠戮,一时间三十万人奔赴宣德门请甲自卫。宋钦宗仓皇凭城,慰喻百姓。四顾惶恐之际,他头上帽子都掉落下来。百姓怕皇上出走,涕泣挽留:"陛下一出,则生民尽遭涂炭。"宋钦宗也哭,高呼"寡人在此",士庶号恸。

其实,此时钦宗皇帝若逃,还是有机会。但钦宗怯懦无断,只得告谕百姓说宋金讲和。不久,外城的金兵相继下城,在城中大掳大掠。又有阴险小人和地痞流氓做导引,在坊巷放火劫掠。由此,汴京大难开始来临。

城内外居民出出进进,多逃不出一个死字,光掉入护城河淹死的人就有数万。于是，绝望之下，京城内居民整家整家出现自缢、跳井、投火的惨状。

到了闰十一月二十七日，金人通知钦宗皇帝不要逃跑，恐吓说"五百里内周围皆吾兵矣"，让宋朝先派宰相出来议事，还要钦宗自己出郊面议"大事"。二十八日，宋朝派宰相及亲王出城向完颜宗翰、完颜宗望道歉谢罪。

汴京城内，散兵游勇和地痞流氓趁火打劫，蔡河、汴河浮尸无数，许多尸体身上几乎没有多少肉，因为城中缺粮，市井公然以人肉当作货物来卖。

缺德的宋朝奸民和败兵勾结外城金人，有的甚至自己剃发打扮成金兵模样，专门冲入皇亲大族家劫掠，烧杀抢劫，无所不为。至夜，被洗劫的居民数万人相聚于相国寺，啼号饥寒，一天左右就冻饿而死近万人。

闰十一月三十日，由于害怕金朝索要宋徽宗后在城外立之为帝，宋钦宗"毅然"亲自出城面见金国元帅。

内城百姓通夕不寐，关心钦宗的安危。十二月初二日，宋钦宗与金酋谈好条件，被允许回城。百姓见雪中御路污烂不堪，运土填路，顷刻而就。遥见钦宗皇帝黄盖，大家欢呼喧腾，一路传报。

钦宗皇帝本人感泣，士庶皆叹惋流泪。先前，金人将破城，宋钦宗怕父皇趁机逃出另立山头，早已派人把徽宗逼迁入大内。至此，父子二人，皆为笼中之鸟，任谁也飞不出。

金军方面，完颜宗望与完颜宗翰当然另有打算。完颜宗翰本名粘没喝，汉语讹为"粘罕"，其父完颜撒改是金朝开国功臣，曾任"国相"，也是金太祖完颜阿骨打的堂兄，所以，完颜宗翰于金太祖、金太宗来讲是他们的堂侄，属于皇室血亲。十七岁时，完颜宗翰就于军中效力，数次大败辽军，是金太祖称帝的建谋者之一。此后，完颜宗翰随金太祖定燕地，与完颜宗望一起力谋伐宋。完颜宗望本名斡离不，是金太祖的二儿子，故而又有"二太子"之称。贵为皇子，完颜宗望领大军出征，把辽天祚帝追得上天无路，入地无门。金、宋夹击灭辽后，完颜宗望力谏金太祖不要把山西地交给宋朝，宋朝输送的岁币，大半都是交予完颜宗望军分配。"伐宋之策，（完颜）宗望实启之。"

但是，观宋人笔记和史志，都对完颜宗望有好感，似乎这个瘦长个子的二太子是很谦和的一个人，"坏主意"都是完颜宗翰一个人出的，"粘罕应答琅琅，太子唯唯而已"。另外一个原因，是这位爷当时可能已重病在身，估计也是叔父金太宗继位，身为皇子的完颜宗望一直心里不爽，表情郁郁。转年迁掳徽钦二帝后，完颜宗望于四月即病死。

十二月初三日，宋钦宗回宫不久，即下诏命文武百官、僧道父老诣大金军前致谢。完颜宗翰、完颜宗望两人觉得可笑，回报说"军中宿食不便，不烦远到"。转天，金人就派使人入京。检视库府，拘收文籍。大抢大搜之前，金人先派人摸清财产底细。

十二月初五日，金军移文宋朝的开封府，大索金帛，并取宋朝河东、河北守臣家属为人质，表示说土地实际移交后会归还那些人的家属。

不久，金人来书，索取蔡京、童贯、王黼等二十个"奸臣"的家属以及李纲、蔡靖、折彦质等先前与金军交战大臣的家属。可叹的是，数位奸臣家属早已贬窜外地，反而逃过一劫，忠臣勇将的家属反而多在京师，城中的宋朝官吏唯命是听，按花名册逮人，一一交与金军。

十二月十一日，金人迫宋钦宗下诏："大金军以（已）登城，敛兵不下，保安社稷，全活生灵，恩德至厚。今来，公私所有，本皆大金军前之物，义当竭尽以犒大金军兵。"（《孤臣泣血录》张豫诚刻本）至此，可以看出金军放回宋钦宗的真正目的，即让这位降帝当敛财主人，替他们收钱。

于是，京畿保甲，尽充差役，三衙使臣分地监督，开始从左藏库和京师上四库搬取金银玉帛，整大车整大车地运往金营。在金人压力下，宋朝的有关部门"督责甚峻"，御史台、大理寺、开封府四处捕人，无论王公贵戚、将军家属，皆大刑伺候，按户按人头按级别交金纳银。

平时，宋朝官僚的效率很低，现在，有城外金军长刀大矛抵着，政府秩序井然，效率变得极高。

十二月十五日，宋徽宗的儿子康王赵构在相州开"大元帅府"，有兵万人，分为五军而进，渡河后，驻军于大名。老将宗泽以区区两千人与金兵力战，破三十余寨，率兵渡河。不久，又有宋军勤王兵马赶至，兵势大振。宗泽建议入援京师。

金人这时候加紧胁迫钦宗皇帝，让他写手诏："方议和好，可屯兵近甸，毋轻动。"（《宋史》卷二四）诸将皆信以为真，唯独宗泽不信："敌人狡谲，正为使我军迟留，君父在京，应马上入援。"康王赵构心中自打小算盘，诸将也不敢进攻。于是，赵构遣宗泽先行，把他排挤出指挥中枢。

十二月二十二日，天降大雪，京城内人民冻死无数。宋钦宗下诏，允许军民斫伐万岁山（皇家园林，又名艮岳）树木为柴薪。由于人多，大伙胡砍乱伐，园林中台榭亭台皆被毁坏，轰塌之际，压死不少人，践踏致死百余人，相互殴击致死的又有数百人。

转天，金人又索取藏书经卷，特别是苏轼文集和《资治通鉴》等书，金人指名取索。不仅把秘府藏书搬空，开封府还把城内的书店全部封门，然后把里面的书都运往金营。

十二月二十四日，在抢走一千多万匹绢帛之后，金人揭榜于市，再取一百万锭金和五百万锭银，要汴京的宋人"尽行输纳"，否则就杀头。严命之下，一城骚动，路上都是搬运金银之人。士庶相顾，莫不慨叹。

靖康二年（公元1127年）正月初三日，金军以金银成色不足为由，派人入城追索。正月初十日，金人二酋又招宋钦宗入兵营，说是要商议徽号问题。此次出宫，钦宗皇帝深知凶多吉少，对近臣孙傅表示："我去可能不返，可招募死士二三百人，拥上皇及太子溃围南奔。"

世间难有后悔药，这阵子再想突围，插翅难飞。此次金人把钦宗皇帝召至营中，只是把他当人质，以对东京进行最后的"挤榨"。果然，金军很快放出话来，只有把金银凑齐，才能放钦宗皇帝回城。于是，京城之内，挖地三尺。

为了吓唬汴京居民，金军还揭榜表示，如不把金银全部上交，当遣大军入城搜空。士民相顾失色，莫不疑惧。熬到正月二十五日，天降大雪，与城破那日相仿，天气绝寒。城陷两月，饥饿而死者日以千计，东京居民取猫、鼠，杂以人肉食之，吃尽鼓皮、马甲、皮筒以及树皮、草根。

接着，金人又有命令，让城内交出所有的教坊伶人、百工伎艺、诸色待诏（匠人）等。

得知城内人心惶恐，宋钦宗在金营内"降诏"，表示自己不久就回，不劳大家挂念。士庶读诏者莫不堕泪。其间，宋朝老将宗泽自大名至开德，与金兵十三战皆捷。他又上书康王赵构，要他下令各道兵马会汴京，诸人不答。而后数日，金人根括不息，太常、大晟、明堂、司天监等处的巨大礼器和青铜器物皆被搬空。

二月初七日，金人欲掳宋徽宗及其皇后嫔妃至城外军营，宋将范琼为虎作伥，力逼徽宗皇帝出宫。此时，这位书画皇帝反倒生出一股精气神，说："若以我为质，得官家归保宗社，亦无辞！"（《北狩见闻录》）

10. 北宋灭亡后的政权交割

城里的宋臣逼迫宋徽宗出城入金军大营，而在城外，完颜宗翰、完颜宗望召集在押的宋朝君臣于一处，宣布废掉钦宗皇帝。金使萧庆读诏已毕，径自走到钦宗皇帝面前脱扯他身上的龙袍。诸位宋臣惊惶不知所以，这时候，宋朝大臣李若水抱住钦宗，大叫道："此乃真皇帝，鼠辈安敢尔！"呼天痛哭。

宗翰、宗望大怒，命兵士拽他出外，裂颈断舌，脔割而死。这位大忠臣至死，骂不绝口。

金朝兵士相顾，小声嘀咕："辽国亡国，死义大臣十多人，南朝唯有李侍郎一人！"

二月初八日，宋朝宗室诸王及家属均被金军押入城外营中。二月初九日，得知金人要废宋朝皇帝，城内百姓号恸不已。宋朝大臣孙傅等人代表大臣和居民向金人上状，极陈赵氏德泽深厚，希望金人不要废赵氏社稷，哀乞金人在神宗子孙中择一人立之，以继宋朝国祚。

金人不允，准备立宋臣张邦昌为帝。

二月十一日黎明，钦宗皇后、太子、公主皆一同被押出皇宫，出南薰门，百姓哭于道上，太学生集体哭送于门。十一岁的太子在车内向居民告别，哀号震天。

士庶旁观，心骨糜溃，痛心不已。

二月十四日至十七日四天，宋朝的所有王公帝姬及宗室，节次出门，哀号之声达于远近。金军追取宫嫔以下一千五百人，亲王二十五人，帝姬驸马四十九人。

市井聚观，莫不愤怒，但无人敢出头。

三月初一日，金人遣张邦昌入城，并警告说，如果张邦昌不继位，朝中大臣不拥戴，就要先杀掉所有大臣，然后纵兵屠城。张邦昌本来一百个不愿意，但为保全一城士庶性命，只得应允。

三月初七日，张邦昌即皇帝位，国号大楚。他从尚书省出发，恸哭上马，到了皇宫阙庭，复大声恸哭，真把这位只做过两个月宰相的宋臣难为死了。

立了这个傀儡皇帝，金人又下令进行最后的根括。张邦昌遣使求免，表示说，即使汴京城内铁锅铁板都变成金银，房屋殿宇皆化为布帛，也凑不齐金军所要的那个数目。金人心中有数，知道再也榨不出什么东西，就移文表示同意所请。

金军班师后，四月初五日，张邦昌忙请宋哲宗的废后孟皇后入居延福宫，垂帘听政，并派人把传国玺送至唯一逃亡在外的直系宗室康王赵构那里。

五月，赵构在南京（商丘）即位，改元建炎，开始了南宋的历史。

张邦昌是进士出身，做过知州，宣和年间得为中书侍郎，钦宗皇帝继位，拜其为少宰。观其先前行为，不好不坏，官场沉浮而已。金人来犯，张邦昌还与康王赵构一同为使（人质）前往金营求和。

金人要宋朝大臣自己商议"新君"人选，尚书员外郎宋齐愈从金营返回，大臣们问何人可选，这位老宋从前与张邦昌不睦，就在手中写上"张邦昌"三字，混乱之中，大臣们由此定议。

被逼为帝之后，张邦昌窘急，一度想自杀，被旁人劝住：您死了，全城百姓要遭金人屠戮啊！张邦昌才打消了这个念头。

金人走后，张邦昌不听王时雍等人的"劝谏"，向康王赵构献玉玺，亲自到商丘拜见新皇帝。赵构与张邦昌有共患难的老交情，开始对他挺客气，封他为太保、同安郡王。后来，李纲上书，言称张邦昌僭逆不道，一定要明正典刑，当众斩杀。赵构不忍，认为张邦昌是出于胁迫，只把他贬往潭州安置。但是，朝内外李纲等人认为绝不能姑息，必须严惩。压力之下，赵构以张邦昌曾私幸宫人为罪名，赐死张邦昌。

宋朝大臣吕好问曾劝过李纲："王业艰难，正纳污含垢之时，今对诸人绳以峻法，惧者众矣。"李纲不听。

后来，书写张邦昌姓名给大臣们出馊主意的宋齐愈被腰斩，王时雍也被杀头。

六月十一日，老将宗泽率军至汴京，在很短时间内收编各地兵马达百万之众，其中包括日后的名将岳飞。

宗泽连上二十四道表奏，恳请宋高宗赵构回京，但这位新帝胆小得要命，蹿往江南以避兵锋。失望之余，老将军宗泽忧愤而死，死前犹高呼"渡河"！

宗泽死后，接替他职位的东京留守杜充是个不折不扣的软骨头，百万义军一朝尽散，大多化为流寇。建炎三年（公元1129年），金军再次入侵汴京，杜充弃城而逃。至此，宋朝再没有恢复过这座"神京"。

日后，刘豫在此被金人推立建伪齐政权，没几年也垮台。此后，金朝占领汴京近百年的时间。

可笑又可悲的是，金朝日后为蒙古军队逼迫，仓皇迁都至开封。公元1232年，金哀宗从汴京逃跑，蒙古人又重演了

"搬空"大戏。不过，这次悲剧的主角是金朝帝室。转年，金哀宗本人也在蔡州自杀，金朝灭亡。

纵观靖康之变整个过程，可以发现，汴京城虽遭遇空前灾难，但金军人马并非我们想象的那样大队大队冲杀入城。其实金军当时占领了各处城门，他们之所以最终没有进城，就是发现汴京城内军民群情激奋，都做好了与金军决一死战的准备。而当时的这些金军统帅，虽然文化程度不高，但都是有文韬武略的政治家。他们深知，如今他们所率领的金国部队已经超过了金国全国兵力的三分之二，留在他们本土的军力并不多。经过这些天的攻城战斗，金军损失也非常大，而且金国部队里边的女真兵不足半数，其余都是先前招纳的渤海兵、契丹兵和奚兵，这时候再打下去，再入城和汴京军民巷战，金军消耗会极大，最终可能会出现宋军翻盘的可能。

所以，包围汴京之后，无论是接下来的劫帝、括银、括马、劫皇族，均由城内那些听命于他们的宋朝"伪政权"来实施，金军对汴京既无洗城，也无屠城。当然，宋朝本身的爪牙们已经替金朝新主子把开封城所有值钱的东西搜罗一空。

汴京之战，虽然没有遭到屠城，但靖康之变中汴京的百姓遭遇依旧很悲惨。当然，最悲惨的，除了广大缺粮少衣的百姓，当数被金人掳掠北去的赵宋皇族，近万锦衣玉食的凤子龙孙，个个破裘敝屣，大多数人在路上被杀戮或因冻饿而死，怎一个惨字了得！

"靖康之耻"确实是中国历史上至为惨痛的一幕。由此，北宋亡国，徽钦二帝被俘。宋徽宗从昔日锦衣玉食的一国皇帝成为阶下囚，他的人生发生了天翻地覆的转变。从汴京到北国苦寒之地，一路辗转迁徙，漂泊万里。这位宋徽宗赵佶活了五十余年，此前他当了十多年的王爷，又当了二十多年的皇帝，生命的最后阶段却做了近十年的阶下囚。

其实，金军包围汴京之后，宋徽宗本来是有一定的机会可以冒险突围的。当时宋将张叔夜曾经想带领精兵掩护他冲出敌人的重围，但是他没有胆量做。此后，按照金人的要求，他自己进入了金营，从此就变成了金军的囚徒。这时候，他还对金人抱有幻想，不想激怒金人，所以，见到了金军的统帅完颜宗望和完颜宗翰，他就和他们讲道理，讲先前宋金两国的约定和盟约。听宋徽宗如此说，那两个金军统帅都觉得荒谬可笑，你现在都是我们的阶下囚了，还和我们谈什么条件啊。而且，现在汴京已经在我们金军控制之下，我们要庆祝，要庆功，你这个宋朝皇帝在军营中，正好用来给我们助兴取乐。所以，金军就要求宋徽宗、宋钦宗及其大臣们去金军庆功宴上作陪。而且，那些跟随宋徽宗、宋钦宗来的宋朝嫔妃们，也必须换上歌伎的衣服，在帐前跳舞唱歌陪酒。金国将帅和军事将领喝酒喝到兴头上，但凡看上了哪个嫔妃，当场就可以拉到旁边的帐篷肆行奸污。到了这个地步，宋徽宗心如刀割，充分明白了自己俘囚的境遇。

根据史料记载，那些关押在青城寨和刘家寺的宋朝贵族女性的遭遇，非常凄惨。这些女性自被送到金营起就陆续遭到金军将领的蹂躏，稍有反抗就被当场斩首。有一人因不堪侮辱，用箭头刺穿喉咙自杀。还有三名贵族女性拒不受辱，被金兵用铁竿捅伤扔在营寨前，血流三天才死去。金国元帅斡离不指着这三名女子的尸体警告其余的宋朝王妃和帝姬说，如果谁敢不从，这三个人就是下场。没几天的工夫，宋徽宗的女儿保福帝姬、仁福帝姬和贤福帝姬以及两名皇子妃都被金国将领轮流蹂躏，折磨而死。为了满足金军将领们的淫欲，斡离不甚至命令对抢到的宋朝怀孕的女性强行堕胎。金军将领如同分配牲畜一样瓜分这些特殊的战利品。金军撤离之时，根据当时人记载，粘罕和斡离不领人观看从汴京搬运来的北宋皇宫的器物时，他们每个人的身边已是"左右姬侍各数百，秀曼光丽，紫帻青袍，金束带为饰"（《三朝北盟会编》卷八三）。

金军在拥立张邦昌为伪楚皇帝之后，就开始撤离。撤离前，他们把汴京城郊的房子全部焚毁。

宋徽宗、宋钦宗父子北徙的过程，非常艰难和漫长。靖康二年（公元1127年）三月底，金军押着徽钦二帝和宋朝的贵族俘虏陆续向北方转移。五月，宋徽宗被押至金朝的燕京，七月迁到金朝的中京，转年七月迁上京，而后再迁韩州。又过了两年，最终迁到五国城监禁起来，严加看守。

在靖康二年（公元1127年）的三月底，金人开始分七批把宋朝的皇帝和嫔妃、贵族等俘虏往金国押运。有人会问，为什么要分七批啊？因为宋朝的俘虏和在汴京掠夺的金银财宝、物资文物太多。而且，北还途中，毕竟还有不少的宋国军队，怕出意外，所以金军把这些俘虏和物资分为七批从不同的道路上押运回国。钦宗和徽宗父子二人不在同一批里边。而这场迁徙的最重要目的地，就是金国的燕京，所有人到那里去会合。

北行路上，为了避免遭到宋军的伏击，金军专门走小路，走那些人迹罕至的山林和山谷崎岖之地。走这些路，对于那些能征善战的金军将士来讲根本不算什么，但对于宋朝的这些王子公孙和嫔妃宫女来说，那就太艰难了。而且，金朝军人本身害怕补给不够，给这些俘虏的衣食就更加控制了，一路上，不少人都饿死、累死或者被虐待死了。至于随军的那些宋朝嫔妃公主和宫女，沿路随时随地会遭到金军的奸污，往往被侮辱至死。

一路之上，金军一直从肉体和精神两方面虐待宋徽宗。金国人爱打马球，他们也知道宋徽宗会打马球，所以，他们打马球的时候,就拉着宋徽宗来助兴。当然,金国将帅并不是要宋徽宗上场和他们一起玩,而是让他作诗助兴。其实,这些金军将士的汉语文化水平都不高,也听不太懂宋徽宗作的诗,就是拿他找乐而已。这时候的宋徽宗哪有心情作诗啊,但也不敢说个不字,只得乖乖地站在临时的马球赛场旁边,仔细构思。以大宋帝国皇帝之尊,陪同一帮野蛮人玩耍,宋徽宗精神上的痛苦可想而知。

11. 徽钦二帝的结局

北宋灭亡之前,虽经徽宗二十多年折腾,社会经济依旧维持在高度发展阶段。几首宋徽宗自己的词就足以形容宋王朝的繁盛、富足:

> 罗绮生香娇上春。金莲开陆海,艳都城。宝舆回望翠峰青。东风鼓,吹下半天星。　　万井贺升平。行歌花满路,月随人。龙楼一点玉灯明。箫韶远,高宴在蓬瀛。(《小重山》)

> 绛烛朱笼相随映。驰绣毂、尘清香衬。万金光射龙轩莹。绕端门、瑞雷轻振。　　元宵为开圣景。严敷坐、观灯锡庆。帝家华英乘春兴。搴珠帘、望尧瞻舜。(《金

莲绕凤楼》)

　　紫阙苕峣，绀宇邃深，望极绛河清浅。霜月流天，锁穹隆光满。水精宫、金锁龙盘，玳瑁帘、玉钩云卷。动深思，秋籁萧萧，比人世、倍清燕。　　瑶阶迥。玉签鸣，渐秘省引水，辘轳声转。鸡人唱晓，促铜壶银箭。拂晨光、宫柳烟微，荡瑞色、御炉香散。从宸游，前后争趋，向金銮殿。(《聒龙谣》)

汴京陷落之后，金兵命宋徽宗郊迎，作为"孝子"的宋钦宗此时倒是有帝王气度，说："上皇惊忧成疾，朕当亲往。"

奇怪的是，汴京城陷之后，连日大雪忽停，一朝放晴。不久，金人囚宋徽宗、宋钦宗及皇太子于汴京城外的青城，作为人质，大索金帛子女，并随意斩杀宋朝守城将士和文武百官。在这段时间内，金人共勒索黄金一千万锭、白银两千万锭、绢一千万匹，并多次在宋朝官员"协助"下入城搜刮，攫取了无数宝物，大约有北珠四十斤、玛瑙一千二百斤、水晶一万五千斤、象牙一千四百六十座，其他杂物无算。

总以为在满足金人一切要求后能苟延残喘，以"儿皇帝"名义继续统治。不料，靖康二年（公元1127年）四月，金人立张邦昌为傀儡皇帝，驱赶宋徽宗、宋钦宗、皇后、皇太子及宗室、百官北行。

史载:"凡法驾、卤簿,皇后以下车辂、卤簿,冠服、礼器、法物,大乐、教坊乐器、祭器、八宝、九鼎、圭璧,浑天仪、铜人、刻漏、古器、景灵宫供器,太清楼秘阁三馆书、天下州府及官吏、内人、内侍、技艺、工匠、娼优,府库畜(蓄)积,为之一空。"(《宋史》卷二三)

北去途中,平日里锦衣玉食,只知品茶饮酒、作词度日的宋徽宗,眼见周遭三千多宗室男女一路上任金兵杀戮、凌辱,心中凄凉肯定无法诉说,其忧惧、悲凉,在其诗词中可见一斑:

彻夜西风撼破扉,萧条孤馆一灯微。家乡回首三千里,目断山南无雁飞。(《在北题壁》)

杳杳神京路八千,宗祊隔越几经年。衰残病渴那能久,茹苦穷荒敢怨天。(《沂州作·其四》)

投袂沂城北,西风又是秋。中原心耿耿,南渡思悠悠。(《沂州作·其三》)

过水穿山前去也,吟诗约句千余。淮波寒重雨疏疏。烟笼滩上鹭,人买就船鱼。 古寺幽房权且住,夜深宿在僧居。梦魂惊起转嗟吁。愁牵心上虑,和泪写回书。(《临江仙》)

早在金兵围城时，宋徽宗已忧惧成疾，得了中风而导致半身不遂。亡国之后，以衰残之躯，行万里之路，风霜苦寒，饿冻交加。男宗成戮，女眷受辱，皆在眼前一幕又一幕，考其缘由，均因"玩物而丧志，纵饮而败度"。

迢迢苦行，徽宗皇帝一行人终于被押到了燕京。到了这个地方，有个更大的侮辱在等待着他们，那就是金军向金太宗所行的献俘礼。

这个献俘礼要求宋徽宗等亡国贱俘都要把上衣脱掉，各自披上一块羊皮，然后排队鱼贯而入，先拜金国太庙，再拜金国皇帝金太宗。这种侮辱人的献俘礼，金国也叫"牵羊礼"。毕竟宋徽宗和宋钦宗父子是被灭亡的敌国皇帝身份，金国人稍微给他们父子留了一点面子，这爷俩不是光膀子，而是被允许在羊皮里面穿一件小褂。但是，其他的皇族俘虏，男男女女，老老少少，无论是大姑娘还是小媳妇，全部要脱光上衣披一块腥臭的羊皮，这对当时的汉族妇女来说，绝对是奇耻大辱。

"牵羊礼"完成之后，侮辱还没完。金国以金太宗的名义，下诏给宋徽宗、宋钦宗父子"封官"：宋徽宗是昏德公，意思是"昏庸无德的公爵"；宋钦宗是重昏侯，就是说你父亲赵佶是个昏庸不堪的家伙，你这个儿子接替了他的皇位接着昏，是"重复昏庸的侯爵"。其实，金国人这种侮辱徽钦二帝的主意，应该是金国的汉人大臣教给他们的，金国也是有样学样。当初宋太祖俘虏了南唐后主李煜，恨他不主动投降，就封李煜为"违命侯"来侮辱他。

大张旗鼓公开侮辱了宋徽宗、宋钦宗父子之后，金国人开始分配带回国内的宋朝战俘。这些男女战俘，男的一般都被分派到各个军营去干苦力，或者赏赐给贵族和将军们作奴仆。女性战俘最惨，命好的被金国的贵族作姬妾，更多人则被送到金朝的"洗衣院"。"洗衣院"这个名字听上去好像是为金国人洗衣服的专门机构，其实就是妓院，被送到这里的俘虏都变成了金军的性奴隶。作为那个时代的女性，特别是亡国贱俘的女性，命运太凄惨了，绝大多数人只得默默忍受。宋钦宗的皇后朱氏不甘心这样的命运。当时她二十六七岁，本人长得非常漂亮，北行路上就一直有很多金国将领企图侮辱她。朱氏拼命反抗，最终保住了自己的贞节。但到了燕京之后，她被金人分派到与亲族相隔离的地方，就知道肯定再难保住自己的贞洁，于是选择自杀。在没有刀剑绳索又有人看管的情况下，一个女人自杀太难了。她曾经自尽三次，撞墙死，没死成；上吊死，又被人救下；最后，她趁看管人不注意，投水自尽，终于成功。金太宗听说此事叹息说：宋朝的这个女人，真比那两个皇帝强多了。于是，金太宗还下诏给了她一个"贞节夫人"的封号。数十万人齐解甲，更无一个是男儿！

日后，为了掩盖"靖康之难"中大量宫廷和宗室妇女遭到凌辱以及她们在金国为奴为娼的屈辱历史，减少自己和金国媾和投降政策的压力，宋高宗一直严禁私人修史。同时，传统史家抱着"为尊者讳"的态度，在相关史书中也极力回避这一问题。但是，在残留至今的南宋人笔记中仍可找到值得信赖的史料，比如《靖康稗史》。这部书辑录了南宋尚存的七种笔记作品，其中的《开封府状》《南征录汇》《青宫译语》《呻吟语》《宋俘记》五种笔记，作者从不同角度记载了北宋从都城陷落到宫廷宗室女性北迁以及她们北迁后的详细生活遭遇，时间和内容都可以和《宋史》《金史》相互验证。这几部作品最大的特点是它们保留了宋金双方作者的记载，从不同的视角见证了这段历史。

由于缺乏详细的史料，对于当时宋朝皇族妇女和金国强取的民间"贡女"的死亡人数没有足够详细的统计。但是，从第一批金军押解的情况，我们可以看出有大批宋朝女性死于押解途中。第一批被押解的人员中有宗室妇女三千四百多人，这些人三月二十七日从青城寨出发，由于风雨饥寒，缺吃少穿，最终导致一千五百多名妇女在途中死亡。到了四月二十七日这些妇女到达燕山时，仅存一千九百余人，一个月内的死亡率高达百分之四十四，可以想见，她们到达上京的

宋徽宗赵佶《五色鹦鹉图》（局部）

死亡率应在百分之五十以上。至于那些宋朝的民间贡女，处境更惨。金军所押解的民间贡女有三千一百八十人，她们从青城寨出发，四月初八日到达相州（今河南安阳），由于连日下雨，这些贡女所乘的车大多已经破损不堪，于是，她们被迫到金兵营帐中避雨，遭到金兵惨无人道的奸污，多人因此死亡。从此之后，这些妇女每天都以泪洗面，在为金军洗衣做饭的同时，惨遭非人待遇。

为了保险起见，金国人并没有让宋徽宗、宋钦宗父子在燕京待着，而是又把他们送到了更偏僻遥远的五国城，也就是今天黑龙江境内依兰县城西北部的一个地方，把爷俩囚禁在地牢里面。五国城成了大宋皇帝宋徽宗生命的最后一站。

五国城这个地方气候寒冷，作为俘囚，条件十分艰苦。金国人给了他们一部分土地，让他们自耕自食，自己织布，等于是让他们自己养活自己。此时的宋徽宗，精神压力比先前小了一些，没事还写点诗词什么的。

到达五国城之后第三天，一直跟随宋徽宗的郑皇后就因为缺衣少食病死了。郑皇后是一个非常贤惠的女人，从汴京到五国城，她一直陪伴在宋徽宗的身边。转年，也就是宋高宗绍兴元年（公元1131年），人在五国城的宋徽宗忽然收到金太宗的赏赐，望着金国人拿给他的一些布匹和食物，宋徽宗眼泪都流下来了，赶紧用瘦金体写谢表。金太宗为什么要赏赐宋徽宗东西呢？宋徽宗有好多美貌的女儿，不少人都被分配给金国的宗室贵族当姬妾，这些人很快就怀孕生孩子了，所以金太宗一高兴，就传令属下赏赐宋徽宗一些生活必需品。

没高兴多久，忽然有一天金国的看守怒气冲冲，派人把宋徽宗又绑了起来。原来，宋徽宗的儿子沂王赵㮙和驸马都尉刘文彦诬告宋徽宗谋反。沂王赵㮙是徽宗的第十五子，驸马都尉刘文彦是宋徽宗第七个女儿的丈夫。他们之所以诬告宋徽宗谋反，就是看到宋徽宗得到了不少布帛和食物，也想从金国人那里弄一份改善一下自己的生活。其实，这两个人也傻，宋徽宗在五国城，怎么谋反呢？金国人自然很快得知实情，没把宋徽宗怎么样，而沂王赵㮙和驸马都尉刘文彦以子告父，不忠不孝，都被推出去砍了。因为这个事，宋徽宗本人又大受刺激，从此变得更加沉默寡言，诗词也不写了，好像脑子出问题了，总是一个人面对墙角念念叨叨的，也不知道他在说些什么。

相传，一夕月明，有负责看守的女真头目斜吹番笛，惹起徽宗旧国情思，命钦宗作词一首，其中有"如今在外多萧索，迤逦近胡沙。家邦万里，伶仃父子，向晓霜花"（赵桓《眼儿媚》）数语。父子相拥痛哭，其情其景，想象之中亦能令人鼻酸。

绍兴五年（公元 1135 年），宋徽宗的韦贤妃也被送到五国城。这个韦贤妃，就是南宋高宗赵构的生母。本来她被金国人分配到洗衣院当性奴，还生了孩子。如今，大概年老色衰，就被送回给宋徽宗了。好景不长，韦贤妃回到徽宗身边没多久，饱受精神和生活双重折磨的宋徽宗挺不住了。苟延残喘了近九年，南宋高宗绍兴五年四月，病困交加的道君皇帝死于五国城，终年五十四岁。

根据宋金时代的记载，宋徽宗死了以后，金国的看守们就挖了一大坑，在坑里放上水，然后架起宋徽宗的尸体用火烧，就是想烧取一些尸油点灯用。当然，我们也可以说这种烧尸的作为是当时五国城附近金国人的某种丧葬方法。无论真相如何，宋徽宗死后也未得安生。

当时的通信非常慢，所以宋徽宗病死的消息在临安的高宗赵构根本不知道。两年之后，绍兴七年（公元1137年），宋高宗得知亲爹死讯，赶忙给赵佶上了一个谥号，外加一个庙号。谥号是"圣文仁德显孝皇帝"，庙号是徽宗。所以，赵佶死了两年之后，才变成了我们现在耳熟能详的宋徽宗。

又过了六七年，宋金两国基本打成平局，双方签订了绍兴和议。根据绍兴和议，金国答应把宋徽宗的遗骨和当时还活着的赵构的生母韦贤妃送归南宋。于是，金国的使者弄来一口精美的棺材，然后把宋徽宗的"遗骨"和赵构的生母韦贤妃（这时候是韦太后了），风风光光地送给了南宋。宋朝原先的皇陵在现在河南巩义，但当时被金朝占领。为此，宋高宗让人在绍兴东南另建了一个皇陵，称为永固陵，后来改叫永祐陵，要把宋徽宗的灵柩埋到这里，算是入土为安吧。

南宋高宗绍兴十二年（公元1142年）八月，宋徽宗的灵柩下葬。

明代《艮斋杂说续说》记载："李后主亡国，最为可怜，宋徽宗其后身也。神宗一日幸秘书省，见江南国主（李煜）像，人物俨雅，再三叹讶。适后宫有娠者，梦李后主来谒，而生端王（宋徽宗）。及北狩（即被俘掠），金人用李（后）主见艺祖（即宋太祖赵匡胤）故事（待徽宗），亦异矣！"

如此看来，古人早已见出李后主与宋徽宗两人的相似之处，并以小说笔法穿凿附会。但李煜的南唐地窄人稀，他生前并无大过失；宋徽宗的北宋富庶广大，却奸佞肆虐，百姓倒悬，其亡国昏庸之势，相较之则变本加厉。

死人无知，朽骨无觉，宋徽宗有生之年受了九年苦。这位大艺术家，天天持锄耕种，割草修屋，完全成了一个闲杂工人。"道君北狩，在五国城或在韩州，凡有小小凶吉、丧祭节序，北房必有赐赉。一赐必要一谢表，北房集成一帙，刊在榷场中博易四五十年，士大夫皆有之。"（张端义《贵耳集》卷下）从谢表可以看出，昔日的大宋皇帝是多么可怜，即使是获赐一束干肉也要低三下四地向金朝皇帝谢恩，摇尾乞怜，令人心酸。

宋徽宗的身体不是被金国人烧了作灯油吗，那棺材里面到底有没有宋徽宗的遗骨？当时的南宋大臣曾建议宋高宗开棺验尸。但是，懦弱的宋高宗不同意。（如果真的当着金国的使者开关检验，万一里面没有尸骨，和议就签不成了。）宋高宗当即表示要隆重地举行丧礼，把这个号称有亲爹遗骨的棺柩埋在了皇陵里面。

那么，棺材里面到底有没有宋徽宗的遗骨呢？还真没有！这不是当时的南宋人发现的，也不是金国人自己说的。而是一百多年之后，元朝军队灭亡了金国，又攻打南宋，跟随元朝军队的有一群西域僧人，他们常常率领元军盗墓。听说永祐陵是宋国皇帝的皇陵，他们就觉得里面肯定有好多陪葬的宝贝，于是开始挖掘陵墓。结果，打开宋徽宗的棺材一看，哪里有什么珠宝和尸体，只有一截糟木头！由此可见，当时金朝送回来的根本就不是宋徽宗的遗骨，而是弄了一截木头来糊弄宋高宗。

对此，后人也都愤愤不平，这金国人确实挺缺德的，用这么一块糟木头来骗南宋人。其实，也不能完全说当时金国人多么恶毒，应该不是故意欺骗南宋。为什么呢？因为宋徽宗病死之后，五国城那些金国看守肯定就把赵佶的残尸随便一埋了事。谁知道后来南宋和金国势均力敌，双方又签协议讲和了。既然答应了南宋要把宋徽宗尸体送回去，可是再找宋徽宗的尸体就太难了，金国人就只能弄一口豪华棺材，找了一段有分量的木头放进去来糊弄宋高宗赵构。

由此可见，金国人确实对南宋的赵构政权非常轻视。按理说，既然装作是宋徽宗遗骨，随便放一些朽骨在棺材里面也不费劲，人骨毕竟还是人骨嘛。但是，金国人连这事都懒得费心，弄块木头就敷衍了事了。宋徽宗既没有入土为安，更没有叶落归根。一代帝王，成了苦寒之地的孤魂野鬼了。

更悲惨的，当数宋钦宗。作为一代帝王，宋钦宗享国日浅，受祸至深，他在位也就一年多，就成为俘囚为金人执送五国城，而后困辱达三十一年之久。

"帝在东宫，不见失德。及其践阼，声技音乐一无所好。"连史官也对这位没有做过任何坏事的年轻皇帝打抱不平，大呼："真可悼也夫！真可悼也夫！"（《宋史》卷二三）

根据逸史《大宋宣和遗事》记载，金主完颜亮继位后，于正隆六年（宋绍兴三十一年，公元1161年）以击戏马球为名，把多年前被金国俘掠的辽国末帝耶律延禧和宋钦宗一并拉到讲武殿前的广场上，大阅兵马。此后，完颜亮命令两个末帝为队主，各自率一队人马玩马球游戏。双方马队合击之时，有数百金兵纵马从广场边上一拥而上，其中的褐衣兵士一箭先把辽末帝射个透心凉，死于宋钦宗马前。见此情景，宋钦宗本人惊骇至极，失气堕马，紫衣士兵乱箭齐发，把尘埃中翻滚的宋钦宗射成个刺猬。而后，完颜亮挥手示意，乱马奔腾，辽天祚帝和宋钦宗两人的尸体不一会儿工夫就被万马践踏成两堆肉泥。

忍死苟活于苦寒穷荒之地三十多年的钦宗，最终死于非命，酷毒遭遇，千载莫匹！

其实，辽朝的天祚帝耶律延禧应该在被俘后病死，上述逸史记载不是十分可信；至于宋钦宗，倒真有可能是被杀死的，也有记载是病死的，目前无确实证据。

第二章

汴京的逝水年华

1. 汴梁繁华如梦里

记录东京汴梁繁盛景象的著作当数孟元老的《东京梦华录》。

孟元老，号幽兰居士。根据钩沉《宋会要辑稿》和苏辙等人的著作，他很可能就是北宋保和殿大学士孟昌龄的族人孟钺，曾做过开封府仪曹之类的中下级小官。自北宋崇宁年间起，一直到靖康元年，他在都城东京，共度过二十三年的繁华岁月。北宋灭亡之后，南宋绍兴十七年（公元1147年），孟元老撰成《东京梦华录》，并自己作序，满怀深情地回忆了昔日的似水年华。

《东京梦华录》共十卷，内分八十六目，对北宋末期的城市规模、街巷景色、集市庙会、市井风俗以及岁时典礼、食品杂项等城市生活的细节，均娓娓道来，毫发毕现。看孟元老的书，让人顿生身临其境的感受。宋朝街市上的商店与行人，各色酒店里送菜服务员数十道菜碟在双手的绝技，相国寺前万头攒动交易的宏大场景，民间消防队救火的细节，公主出嫁、平民娶媳妇的完整过程，等等，描绘得极为生动。

此外，对于好多流传至今的节日，如阴历四月八日佛诞日（佛诞日南北不同）、端午、七夕、中秋、重阳、冬至、除夕、元宵等，都一五一十地做了描写，历历在目，丝丝入扣。

开封，七朝古都，早在战国时期，魏国就定都于此。五代时期，梁、晋、周均以此为京城。赵匡胤建立宋朝，踌躇再三，仍以此为都。特别可叹的是，掳掠徽钦二帝的金朝女真人，后被蒙古人侵逼，也从中都（今北京）迁都于此。

十一世纪的东京汴梁，是当时中原王朝，也是整个世界上人口最多、面积最大、经济最繁荣的城市。同时，还是最具现代气息的城市。宋朝之前，王朝的京城皆是坊市分离，即居住区和交易区清楚划界，功能泾渭分明。北宋的东京，基本同现在城市一样，住宅和商店错落交织，临街店面生意兴隆，人来人往，商业气氛十分浓厚。特别值得一提的是，北宋后期，东京汴梁的城市人口已经有一百五十万到二百五十万之巨，这个数目在当时的世界诚为"骇人听闻"的数字。与之相比，当时日本和高丽的首都也就只能容纳二十万人左右，西亚的巴格达是一处大贸易转运中心，不过三十万人；至于欧洲，当时根本没有超过十万人的城市；北美更甭提，印第安人的各种神庙虽然壮观，城市却小得可怜。

为了说明北宋的汴梁有多么繁华，笔者模仿明朝话本的笔调，造出一个名叫"赫连博"的宋朝主人公，以他的眼睛，带出一幅靖康大变前的北宋都城汴京全景图。(其中所引用的资料,全部源自北宋作家孟元老。)

话说宣和年间,有一读书人赫连博,乃岭南广州府人氏,家里田产万亩,世为地方大户,诗书传家久,此生一心科举,常常听人说起帝京繁华,乃锦绣温柔之乡。于是,赫连博收拾箱笼,告别父母,带着华江、华文两个童仆,拿着十万贯银钱,长途跋涉,赶往东京汴梁。

神京繁华,出人意料。赫连博一行三人,毕竟岭南乡下人进城,登时间眼花缭乱。由此,主仆三人待下不走,在帝京流连,岁月荏苒,转眼就是两三年。

其间,赫连博功名未得,银子流水一样淌出,终日徜徉,心满意足。至于两个奴仆,乐得大花东家银子,终日诱引主人,遍游花窟。

平日里,华文、华江两个胖厮好睡觉,赫连博早晨先自己逛御街。

坊巷御街,自宣德楼一直南去,约阔二百余步,两边乃御廊,旧许市人买卖于其间,自政和间官司禁止,各安立黑漆杈子,路心又安朱漆杈子两行,中心御道,不得人马行往,行人皆在廊下朱杈子之外,杈子里有砖石甃砌御沟水两道，宣和间尽植莲荷，近岸植桃李梨杏，杂花相间，春夏之间，望之如绣。

御街逛毕，赫连博会去宣德楼附近转悠，顺便吃个早饭。

至浚仪桥之西，即开封府。御街一直南去，过州桥，两边皆居民。街东车家炭，张家酒店，次则王楼山洞梅花包子、李家香铺、曹婆婆肉饼、李四分茶。至朱雀门街西，过桥即投西大街，谓之曲院街。街南遇仙正店，前有楼子后有台，都人谓之"台上"。此一店最是酒店上户，银瓶酒七十二文一角，羊羔酒八十一文一角。街北薛家分茶、羊饭、熟羊肉铺，向西去皆妓馆舍，都人谓之"院街"。御廊西即鹿家包子，余皆羹店、分茶、酒店、香药铺、居民。

赫连博吃着早饭，恰好看见辽国使臣一行，衣冠锦绣，估计是去朝中拜谒皇帝。这些辽人打扮与本朝人不同，皆戴毡冠，金花为饰，有人还加珠玉翠毛，额后垂金花，织成夹带，中贮发缕一总。为首的辽使戴中纱冠，制如本朝的乌纱帽，无檐，不及双耳。官帽额前缀金花，上结紫带，末尾缀珠。至于袍服，辽人服紫窄袍，以黄红色条裹革束之，用金玉、水晶、靛石缀饰，花花绿绿，很有些怪异。辽使一行，面容凄异，估计是国内有事，前来相告。

喝了一会儿香茶，赫连博又到朱雀门外街巷逛逛。

出朱雀门……街南葆真宫，直至蔡河云骑桥。御街至南薰门里，街西五岳观，最为雄壮。自西门东去观桥、宣泰桥，柳阴牙道，约五里许，内有中太一宫、佑神观。街南明丽殿、奉灵园、九成宫，内安顿九鼎。近东即迎祥池，夹岸垂杨，菰蒲莲荷，凫雁游泳其间，桥亭台榭，棋布相峙……西去大街，曰大巷口，又西曰清风楼酒店，都人夏月多乘凉于此。以西老鸦巷口军器所，直接第一座桥。自大巷口南去，延真观延接四方道民于此。

看了半日，公子仍旧不厌。到了正午，肚子咕咕叫起，赫连博连忙找寻酒楼吃中饭。

凡京师酒店门首，皆缚彩楼欢门，唯任店入其门，一直主廊约百余步，南北天井两廊皆小阁子，向晚，灯烛荧煌，上下相照。浓妆妓女数百，聚于主廊槛面上，以待酒客呼唤，望之宛若神仙。北去杨楼以北穿马行街，东西两巷，谓之大小货行，皆工作伎巧所居。小货行通鸡儿巷妓馆，大货行通笺纸店。白矾楼后改为丰乐楼，宣和间更修。三层相高，五楼相向，各有飞桥栏槛，明暗相通，珠帘绣额，灯烛晃耀。初开数日，每先到者赏金旗，过一两夜则已。元夜则每一瓦陇中，皆置莲灯一盏。内西楼后来禁人登眺，以第一层下视禁中。大抵诸酒肆瓦市，不以风雨寒暑，白昼通夜，骈阗如此。州东宋门外仁和店、姜店，州西宜城楼、药张四店、班楼、金梁桥下刘楼、曹门蛮王家、乳酪张家、州北八仙楼、戴楼门张八家园宅正店，郑门河王家，李七家正店，景灵宫东墙长庆楼。在京正店七十二户，此外不能遍数，其余皆谓之"脚店"。卖贵细下酒，迎接中贵饮食，则第一白厨，州西安州巷张秀，以次保康门李庆家，东鸡儿巷郭厨，郑皇后宅后宋厨，曹门砖筒李家，寺东骰子李家，黄胖家。九桥门街市酒店，彩楼相对，绣旆相招，掩翳天日。

酒足饭饱，赫连博整整衣襟，要店中小二拿汤水盥面。小憩片刻，他又到东角楼街巷瞎遛，顺便想弄些零食以解馋嘴。

自宣德东去东角楼，乃皇城东南角也。十字街南去姜行，高头街北去，从纱行至东华门街、晨晖门、宝箓宫，直至旧酸枣门，最是铺席要闹。宣和间展夹城牙道矣。东去乃潘楼街，街南曰"鹰店"，只下贩鹰鹘客，余皆真珠、匹帛、香药铺席。南通一巷，谓之"界身"，并是金银彩帛交易之所，屋宇雄壮，门面广阔，望之森然，每一交易，动即千万，骇人闻见。以东街北曰潘楼酒店，其下每日自五更市合，买卖衣物、书画、珍玩、犀玉，至平明，羊头、肚肺、赤白腰子、奶房、肚胘、鹑兔鸠鸽野味、螃蟹、蛤蜊之类讫，方有诸手作人上市，买卖零碎作料。饭后饮食上市，如酥蜜食、枣䭅、澄砂团子、香糖果子、蜜煎雕花之类。……街南桑家瓦子，近北则中瓦，次里瓦，其中大小勾栏五十余座。内中瓦子莲花棚、牡丹棚；里瓦子夜叉棚、象棚最大，可容数千人。自丁先现、王团子、张七圣辈，后来可有人于此作场。瓦中多有货药、卖卦、喝故衣、探搏、饮食、剃剪、纸画、令曲之类。

赫连博看中一款高丽出产的马鬃鞭子，骨柄铜圈，甩起来唰唰作响，便花二两银子买了一个，准备有空抽抽两个胖仆人。最近，两个胖厮越来越懒，一天到晚见不着他们。如在岭南，早已经把这二厮卖去海晏盐场做苦力。在汴京，公子却少了他们不行。不过，还是要没事抽打抽打他们，省得两个胖厮越来越嚣张无忌，晚上连洗脚水也常常不给打来送上。

赫连博公子脚不停，嘴里也不闲着，他边逛边嚼，大吃饮食果子。周遭热闹非凡，赫连博肚饱心宽，打量四周，市井景色，人来人往，喧闹纷繁。

凡店内卖下酒厨子，谓之"茶饭量酒博士"。至店中小儿子，皆通谓之"大伯"。更有街坊妇人，腰系青花布手巾，绾危髻，为酒客换汤、斟酒，俗谓之"焌糟"。更有百姓入酒肆，见子弟少年辈饮酒，近前小心供过使令，买物命妓，取送钱物之类，谓之"闲汉"。又有向前换汤、斟酒、歌唱，或献果子、香药之类，客散得钱，谓之"厮波"。又有下等妓女，不呼自来筵前歌唱，临时以些小钱物赠之而去，谓之"札客"，亦谓之"打酒坐"。又有卖药或果实、萝卜之类，不问酒客买与不买，散与坐客，然后得钱，谓之"撒暂"。如此处处有之。唯州桥炭张家、乳酪张家，不放前项人入店，亦不卖下酒，唯以好淹藏菜蔬，卖一色好酒。所谓茶饭者，乃百味羹、头羹、新法鹌子羹、三脆羹、二色腰子、虾蕈、鸡蕈、浑炮等羹、旋索粉玉棋子、群仙羹、假河鲀、白渫斋、货鳜鱼、假元鱼、决明兜子、决明汤齑、肉醋托胎衬肠、沙鱼两熟、紫苏鱼、假蛤蜊、白肉、夹面子、茸割肉、胡饼、汤骨头、乳炊羊、炖羊、闹厅羊、角炙腰子、鹅鸭排蒸、荔枝腰子、还元腰子、烧臆子、入炉细项莲花鸭签、酒炙肚胘、虚汁垂丝羊头、入炉羊、羊头签、鹅鸭签、鸡签、盘兔、炒兔、葱泼兔、假野狐、金丝肚羹、石肚羹、假炙獐、煎鹌子、生炒肺、炒蛤蜊、炒蟹、渫蟹、洗手蟹之类，逐时旋行索唤，不许一味有阙。或别呼索变造下酒，亦即时供应。又有外来托卖炙鸡、燠鸭、羊脚子、点羊头、脆筋巴子、姜虾、酒蟹、獐巴、鹿脯、从食蒸作、海鲜、时果、旋切莴苣、生菜、西京笋。又有……卖辣菜。又有托小盘卖干果子，乃旋炒银杏、栗子、河北鹅梨、梨条、梨干、梨肉、胶枣、枣圈、梨圈、桃圈、核桃肉、牙枣、海红、嘉庆子、林檎旋、乌李、李子旋、樱桃煎、西京雨梨、夫梨、甘棠梨、凤栖梨、镇府浊梨、河阴石榴、河阳查子、查条、沙苑榅桲、回马孛萄、西川乳糖、狮子、糖霜蜂儿、橄榄、温柑、绵柑、金橘、龙眼、荔枝、召白藕、甘蔗、漉梨、林檎干、枝头干、芭蕉干、人面子、巴览子、榛子、榧子、虾具之类。诸般蜜煎、香药果子、罐子党梅、柿膏儿、香药小元儿、小腊茶、鹏沙元之类。更外卖软羊诸色包子、猪羊荷包、烧肉干脯、玉板鲊、䱉鲊、片酱之类。其余小酒店，亦卖下酒，如煎鱼、鸭子、炒鸡兔、煎燠肉、梅汁、血羹、粉羹之类。每份不过十五钱。诸酒店必有厅院，廊庑掩映，排列小阁子，吊窗花竹，各垂帘幕，命妓歌笑，各得稳便。

夜幕低垂，赫连博略感乏累，到澡堂泡过一个时辰，他便雇了一顶小轿，到州桥夜市去吃些东西。

2. 往事成空留遗恨

赫连博公子到东京夜市，更是令人眼花缭乱。

出朱雀门，直至龙津桥。自州桥南去，当街水饭、爊肉、干脯、玉楼前獾儿、野狐肉、脯鸡、梅家鹿家鹅鸭鸡兔、肚肺、鳝鱼、包子、鸡皮、腰肾鸡碎，每个不过十五文。曹家从食，至朱雀门，旋煎羊白肠、鲊脯、冻鱼头、姜豉、䣡子、抹脏、红丝、批切羊头、辣脚子、姜辣萝卜、夏月麻腐鸡皮、麻饮细粉、素签、沙糖冰雪冷元子、水晶皂儿、生淹水木瓜、药木瓜、鸡头穰、沙糖绿豆甘草冰雪凉水、荔枝膏、广芥瓜儿、咸菜、杏片、梅子姜、莴苣笋、芥辣瓜儿、细料馉饳儿、香糖果子、间道糖荔枝、越梅、镧刀紫苏膏、金丝党梅、香枨元，皆用梅红匣儿盛贮。冬月盘兔、旋炙猪皮肉、野鸭肉、滴酥、水晶鲙、煎夹子、猪脏之类，直至龙津桥须脑子肉止，谓之杂嚼，直至三更。

夜幕沉沉，醉眼迷离，特别是一斤烂炖羊肉下肚，赫连博服食一粒保仙丹，也不觉倦，去到马行街铺席夜市玩耍。

坊巷院落，纵横万数，莫知纪极。处处拥门，各有茶坊酒店，勾肆饮食。市井经纪之家，往往只于市店旋买饮食，不置家蔬。北食则矾楼前李四家、段家爊物、石逢巴子，南食则寺桥金家、九曲子周家，最为屈指。夜市直至三更尽，才五更又复开张。如要闹去处，通晓不绝。寻常四梢远静去处，夜市亦有燠酸豏、猪胰胡饼、和菜饼、獾儿、野狐肉、果木翘羹、灌肠、香糖果子之类。冬月虽大风雪阴雨，亦有夜市。剪子、姜豉、抹脏、红丝、水晶脍、煎肝脏、蛤蜊、螃蟹、胡桃、泽州饧、奇豆、鹅梨、石榴、查子、榅桲、糍糕、团子、盐豉汤之类。至三更，方有提瓶卖茶者。

醉生梦死之际，赫连博之所以待在东京不走，实在是因为诸事太过方便。赫连博不仅身子过得快活，眼中所见，皆岭南无从所见。在东京，他常见皇太子纳妃、公主出降以及皇后出乘舆等等，让人兴奋莫名。当然，由于一直贪睡，一直没有早起观瞧皇帝拜太庙之行。

赫连博自己逛街玩耍，他两个仆人也不闲着。华文、华江两个胖厮常常睡至日中，拉撒排空肚腹，便拿了主人银两，也出去大吃。这两个奴仆，腹大如轮，一白一黑，黑白双煞一样，对吃食极其讲求，甚至超过主人冤大头赫连博。好在东京食店多如牛毛，吃腻了馆子，两个人常常到外面买好东西大嚼。

> 大凡食店，大者谓之"分茶"，则有头羹、石髓羹、白肉、胡饼、软羊、大小骨、角炙犒腰子、石肚羹、入炉羊、罨生软羊面、桐皮面、姜泼刀回刀、冷淘棋子、寄炉面饭之类。吃全茶，饶斋头羹。更有川饭店，则有插肉面、大燠面、大小抹肉淘、煎燠肉、杂煎事件、生熟烧饭，更有南食店：鱼兜子、桐皮熟脍面、煎鱼饭。又有瓠羹店，门前以枋木及花样呇结缚如山棚，上挂成边猪羊，相间三二十边。近里门面窗户，皆朱绿装饰，谓之"欢门"。每店各有厅院东西廊，称呼坐次。客坐，

则一人执箸纸，遍问坐客。都人侈纵，百端呼索，或热或冷，或温或整，或绝冷，精浇、膘浇之类，人人索唤不同。行菜得之，近局次立，从头唱念，报与局……须臾，行菜者左手杈三碗、右臂自手至肩，驮叠约二十碗，散下尽合各人呼索，不容差错。一有差错，坐客白之主人，必加叱骂，或罚工价，甚者逐之……有素分茶，如寺院斋食也。又有菜面、胡蝶齑胳哒，及卖随饭，荷包白饭，旋切细料馉饳儿、瓜齑、萝卜之类。

此外，又有肉行、饼店、鱼行等，山珍海味，样样皆有。两个仆人，到东京汴梁后皆如气吹一样，胖大了两圈，个个都有三百斤的分量。相比岭南荒僻之地，这东京汴梁真是好地方，又有赫连博这么一个好主子，两个胖厮恨不能把这里当家。

公子赫连博久住东京，功名心逐渐淡了，再不把诗书上手，成日去勾栏瓦肆流连。华文、华江两个仆从，也是欢喜瓦肆的各种戏法。比起岭南当地那些獠牙黑面唱曲的伶人，东京汴梁真不啻天上琼府。

眼看春节已过，又近元宵。赫连博十万两白银渐至山穷水尽，多被华文、华江两个恶仆掏空，他自己却一无所知。两个胖厮中意东京，暗中挪用，克扣用度，早已各自拥赫连博的银子买了一处院落，分包了两个唱的。见白银将尽，两人就把赫连博在刚来东京买的院子以千两白银抵押给当铺，准备过完元宵节后，把最后的银子花干使净后，抛下公子赫连博，各自寻快活去也。

转眼之间，到了宣和六年（公元1124年）正月十五日元宵。这一日，赫连博左牵黄，右擎苍，华文、华江一边一个，依旧主仆架势，大街上面摇摇摆摆，直奔宣德楼而来。

  大内前自岁前冬至后，开封府绞缚山棚，立木正对宣德楼，游人已集御街，两廊下奇术异能，歌舞百戏，鳞鳞相切，乐声嘈杂十余里，击丸、蹴鞠、踏索、上竿。赵野人倒吃冷淘，张九哥吞铁剑，李外宁药法傀儡，小健儿吐五色水，旋烧泥丸子……更有猴呈百戏，鱼跳刀门，使唤蜂蝶，追呼蝼蚁。其余卖药、卖卦、沙书地谜，奇巧百端，日新耳目……

赫连博连声叫好，两个胖厮前仰后合，笑叫不停，巴掌都拍红了。三人玩耍了整整一天，至深夜方才回去睡觉，准备第二天去观灯。转日，一直睡到红日西沉，三人方起，梳洗已毕，换上新鲜衣服，施施然，脚颠颠地，到西朵楼观灯。

华灯宝炬，月色花光，霏雾融融，动烛远近。至三鼓，楼上以小红纱灯球，缘索而至半空，都人皆知车驾还内矣。须臾闻楼外击鞭之声，则山楼上下灯烛数十万盏，一时灭矣。于是贵家车马，自内前鳞切，悉南去游相国寺……资圣阁前安顿佛牙，设以水灯，皆系宰执戚里贵近占设看位。最要闹九子母殿及东西塔院，惠林、智海、宝梵，竞陈灯烛，光彩争华，直至达旦。其余宫观寺院，皆放万姓烧香。如开宝、景德、大佛寺等处，皆有乐棚，作乐燃灯。惟禁宫观寺院，不设灯烛矣。次则葆真宫，有玉柱玉帘窗隔灯，诸坊巷、马行，诸香药铺席、茶坊、酒肆灯烛，各出新奇。就中莲华王家香铺灯火出群，而又命僧道场打花钹、弄椎鼓，游人无不驻足。诸门皆有官中乐棚。万街千巷，尽皆繁盛浩闹。每一坊巷口，无乐棚去处，多设小影戏棚子，以防本坊游人小儿相失，以引聚之……雅会幽欢，寸阴可惜，景色浩闹，不觉更阑。宝骑骎骎，香轮辘辘，五陵年少，满路行歌，万户千门，笙簧未彻……

眼花缭乱之时，华文、华江两个胖厮肚中又叫，忙不迭拿了银子去买吃食。

是月时物,巷陌路口,桥门市井,皆卖大小米水饭、炙肉、干脯、莴苣笋、芥辣瓜儿、义塘甜瓜、卫州白桃、南京金桃、水鹅梨、金杏、小瑶李子、红菱、沙角儿、药木瓜、水木瓜、冰雪凉水荔枝膏,皆用青布伞当街列床凳堆垛。冰雪惟旧宋门外两家最盛,悉用银器。沙糖绿豆、水晶皂儿、黄冷团子、鸡头穰、冰雪细料馉饳儿、麻饮鸡皮、细索凉粉、素签、成串熟林檎、脂麻团子、江豆碨儿、羊肉小馒头、龟儿沙馅之类。都人最重三伏,盖六月中别无时节,往往风亭水榭,峻宇高楼,雪槛冰盘,浮瓜沉李,流杯曲沼,苞鲊新荷,远迩笙歌,通夕而罢。

两个胖厮鼓腮大嚼,左右手皆满满的吃食,眉开眼笑,腚股都笑开花。

赫连博一直欲观皇帝驾行仪卫,两三年间一直早起不得,不知何故,公子此次心头乱动,铁心要观宣和天子的太庙之行。临睡前,赫连博千叮咛,万嘱咐,要二胖厮明日早起,三人一起前往御街。殊不料,公子因吃食油腻,肚子绞痛,三更时分,即披衣直奔茅厕。出恭回来,赫连博脚踹两个奴仆的房门,里面却无任何动静。推门一瞧,空空如也。赫连博好郁闷,以为两个胖厮自己前去御街观皇帝出行。愤愤然之间，赫连博雇了一顶呢轿，赶去御街，恰好赶上皇帝出行。

五更，摄大宗伯执牌奏中严外办，铁骑前导番衮。自三更时，相续而行，象七头，各以文锦被其身，金莲花座安其背，金辔笼络其脑，锦衣人跨其颈。次第高旗大扇，画戟长矛，五色介胄跨马之士，或小帽锦绣抹额者，或黑漆圆顶幞头者，或以皮如兜鍪者，或漆皮如斧斗而笼巾者，或衣红黄罨画锦绣之服者，或衣纯青纯皂以至鞋裤皆青黑者，或裹交脚幞头者，或以锦为绳，如蛇而绕系其身者，或数十人唱引持大旗而过者，或执大斧者，胯剑者，执锐牌者，持镫棒者，或持竿上悬豹尾者，或持短杵者。其矛戟皆缀五色结带铜铎，其旗扇皆画以龙或虎或云彩或山河。又有旗高五丈……

赫连博噤口张睛，被皇家的堂皇的仪卫唬得不轻。逛回住处，公子发现二胖的人影依旧不见，仔细再看，两个人的房间箱笼皆无，衣衫鞋帽也不见一件。赫连博跺脚叫苦。冲入自己平日放置钱财银票小箱子的账房屋，眼见满屋子的箱柜均被撬开，什物散落一地，银票、账本、首饰，连同平时零花用的碎银，毫毛不见。

华文、华江两个胖厮，趁昨晚赫连博酣睡，偷偷起身，先前已经把物件多倒腾出空，所以，二人自在逍遥，随便把剩下的银两拿走，溜个不亦乐乎。五更时分，公子去观皇帝出行，两个胖厮在用公子银钱买的私宅里面正搂着各自的粉头睡得香。

赫连博呆呆发愣间，忽然门外喧嚷，走进数人，原来是当铺来差人收房。公子至此大明一切，却悔之晚矣。无奈，只得收拾衣物，搬离住处。

又蹉跎了几日，赫连博把头上一根金簪和身上一块祖传古玉卖掉，换得百十两银子，买了匹瘦驴，匆匆往岭南回返。

出外三年有余，功名未得，十万雪花银花尽，公子一路落寞，好不凄凉也。

赫连博宽厚之人，行路之间，还惦记华文、华江两个胖厮。虽然偷走自己不少银两，二人坐吃山空，日后如何维持生计。其实，两个奴才过得不错。当时，老太师蔡京的儿子蔡攸当政，其妻兄宋昇为京西都漕，主持修治西京大内，合屋数千间，尽以真漆为饰，工役甚大，所费不赀。而漆饰之法，须用骨灰为底子，科买督迫之下，两京灰价日增，一斤至数千钱。华江、华文两个胖厮，天天窜去四郊冢墓，盗取人骨，架起大柴堆，烧骨为灰，虽然天天灰头灰脸，却也挣得不少银子，日子过得有滋有味。

山长水远。赫连博走了将近一年，到了宣和七年（公元

1125年)底,才走到南雄州。一夕歇宿,听得行人谈话,方知东京城已被金人围困。公子心中,酸甜苦辣,五味杂陈,真不知福兮命兮,到底何物为真。

转年,靖康元年(公元1126年)五月,赫连博才回到家乡广州府。与父母相见,唏嘘不已,二老并未责怪公子,只是庆幸他无恙回返。公子悔愧,自此发奋读书,准备来年再去汴京,考取功名,以孝养父母。

不料,又有噩耗传来,金军攻破汴京,掠走徽宗、钦宗二帝,大好神京,已经沦入敌手。回首京师三年,恍然如梦。赫连博心灰意冷,知道自己一直被"名利"二字虚哄过日。于是,他烧毁诗书,在田间结庐,日日坐禅。

此后,赫连博绝弃功名,杜门静养,寿果至九十八岁而殁。至于华文、华江二胖,相传为金人捉去,途中军队乏食,被洗涤屠戮,充当军粮去也。

3. 细看清明上河图

宋徽宗虽然不是个好皇帝,但却是一个一流艺术家,而且特别重视绘画。《清明上河图》的名字,就是宋徽宗题的,他也是这幅画的第一个收藏者。所以说,《清明上河图》的诞生,也离不开北宋当时非常好的文化氛围和背景。正是宋徽

宗在位时,画家的地位才提到了在中国封建历史上的最高位置,当时他还成立了翰林书画院,即当时的宫廷画院。更为重要的是,他于崇宁三年(公元1104年)设立了画学,正式将其纳入科举考试之中,以招揽天下画家。而且,他还开设了学堂教授绘画,并亲自担任过考试官。

我们先讲讲清明节。有人会说,清明节最大的节俗就是扫墓,如果说《清明上河图》就是画的清明节的话,为何全图没有一处扫墓的场景呢?

北宋张择端《清明上河图》（局部）

首先我要给大家解释的是，我们谈的是《清明上河图》，不是"清明上坟图"。张择端所处的宋朝时期，清明节放假七天，既尊重逝者，更看重现世欢乐，所以，人们在清明节不仅扫墓祭奠亡灵，更重要的是趁着这个节日外出踏青，展现和欢庆生活的美好。所以，清明节也是个欢乐的节日。伟大作品都没有平铺直叙的！《清明上河图》虽然没画扫墓，但画了很多和当时清明节习俗相关的场景和事务——画面一开头，那扫墓归来队伍中，就有轿子插柳的场景，这就是当时清明插柳习俗的真实展现。孟元老的《东京梦华录·清明节》记载，北宋清明节扫墓归来，"轿子即以杨柳杂花装簇顶上，四垂遮映"。为什么用柳枝呢？因为柳树在中国古代，不仅借用"留"的谐音具有文学惜别的含义，还有万物新生初始的含义，更有柳枝驱邪的含义，所以，柳树又叫"鬼怖树"。所以，宋朝人清明从郊外归来以杨柳杂花装饰轿子，寄寓有吉祥发生的意思，也寄寓有辟邪驱邪的意思。虽然《清明上河图》没有具体扫墓的情景，但在许多场景的细节描绘中都有展现清明。

所以说，宋朝的清明节，也不是我们印象中只悲哀祭奠的节日。从历史流变看，清明节的祭祀、踏青等习俗，主要来源于纪念介子推的寒食节和纪念黄帝的上巳节。唐玄宗时，朝廷就以政令形式将民间扫墓风俗固定在清明节前的寒食节，由于寒食与清明在时间上紧密相连，寒食节很早就与清明发生关联，扫墓也由寒食顺延到了清明；从宋朝开始，清明节和寒食节逐渐合而为一，寒食节中的祭祀习俗挪到了清明节。同时，上巳节本来就有"上巳春嬉"的习俗，加上上巳节和清明节日子隔邻很近，也被合并到了清明节。为此，无论是帝王将相、才子诗人，还是普通大众，往往先是祭奠已故亲人，心情沉重；后又郊外踏青，心情开朗，既有生死离别的悲伤泪，又有郊外游玩的欢笑声。

还有能够证明《清明上河图》画的就是清明时节的"论据"吗?

有,就是这幅长卷中出现的"黄胖"。清明节的"黄胖",孟元老在《东京梦华录》中提过,宋代许多笔记中也记载过。"黄胖"是什么东西呢?"黄胖"也叫"迎春黄胖",就是当时清明祭扫用的泥人,类似今天无锡惠山泥人等土偶。在《清明上河图》中,虹桥两端分别有三处出售"黄胖"的摊贩。虹桥是全画最引人注目的地方,在这里画出售"黄胖"的摊档,清明节的用意非常明显;在画尾四套粮车拐弯处,也有一处售"黄胖"的摊贩,显然这也是作者的匠心安排。宋朝的"黄胖",说是祭祀之物也行,其实它们更多还是供郊游扫墓的儿童拿在手里玩耍的,但不是现在一个或者一对地玩,而是小孩子这边买一个,那边买一个,串起来玩,有时候一串能有十多个"黄胖"。此外,图中城楼内出城的文武官员两行人及画中多处骑马、骑驴、坐轿者皆有仆人挑食盒、打遮阳伞、拿祭扫之物。画尾大门口有人手提"百八"字样冥币,肩负大包纸马,明示这些人都是去祭扫的。要是平时,他们不可能背着这些东西,而且官员一般在城内,只有祭扫时才带上平时大门不出的家眷,成批成队地出到郊外。

《清明上河图》中有没有画一些清明节的食物呢?当时的人们清明节吃的是什么?

清明节宋朝人吃什么，肯定和我们今天有不一样的地方。根据孟元老《东京梦华录》记载："节日坊市卖稠饧、麦糕、乳酪、乳饼之类……"他还说，当时开封士庶上坟，"各携枣䭅、炊饼、黄胖、掉刀、名花、异果、山亭、戏具、鸭卵、鸡雏，谓之'门外土仪'"，可见，其中的枣䭅、炊饼、异果和鸭蛋、鸡蛋这些食物除了具有拜祭功能外，也是当时人在节日内必吃的东西。所说的枣䭅，其实就是枣三角。在虹桥上、孙家正店前、画尾粮车旁的挑担中，皆有三角形的枣三角在出售，这也是图画中有人误认为是西瓜的东西。当时，不少人还吃一种叫"子推燕"的面食，和面捏作燕形，蒸着吃，图中有个盲人近旁插的一串东西，就是这种东西。

由此可见，清明上河图处处有清明节的元素。但张择端为何要画得这么隐晦？

首先，《清明上河图》本来就是歌颂北宋清明盛世的宏大叙事图画，不是单一的"清明上坟图"。其次，艺术这东西，讲究的就是耐人寻味！张择端的身份是宫廷画师，画是要给皇帝看的，不可能画个坟、画个墓给皇帝看，这太不吉利。像清朝那样画大队仪仗去拜陵，也过于直接和粗俗。宋朝绘画艺术高度发达，而宋徽宗本人又是一个书画大家，在绘画意境的营造能力方面，非常高超。他曾给人出题，题目为"山中藏古寺"。许多人画深山寺院飞檐，但得第一名的没有画任何房屋，只画了一个和尚在山溪挑水；另题为"踏花归去马蹄香"，得第一名的没有画任何花卉，只画了一人骑马，有蝴蝶飞绕马蹄间。这些都极大地促进了中国画意境的发展。因此，张择端虽然没有一处画扫墓，却在画中时不时点明了清明节的主题，这才是这幅千古名作的高明之处。

今天，我们通过《清明上河图》这幅画除了可以看出清明节日之外，还能看到许多与"清明"相关的东西。我们对于"清明"的理解不要局限在清明节这个节日上，还可以想到更广义的文化清明和北宋科技高度发达的物质清明。《清明上河图》作品本身就是一个最典型的文化清明的明证。与元明清时期专制主义封建帝王相比，宋朝皇帝对待士人确实非常开明和容忍。所以，不仅仅中国知识分子对宋朝有好感，连外国知识分子也有好感。历史学家汤因比说：如果让我选择，我愿意活在中国的宋朝！

北宋文化清明的另外一项重要表现，就是当时的科技文化。中国古代四大发明中的三大发明，指南针、活字印刷术和火药，都是在北宋发明或开始大量应用的。而《清明上河图》中，科技最大的、最直观的展现，就是当时画中所表现的桥梁和船舶制造技术。《清明上河图》中，最大的看点就是"虹桥场景"。这座横跨汴河的规模宏大的木结构拱桥，由于"其桥无柱，宛如飞虹"，所以被称为"虹桥"。据《渑水燕谈录》记载，这种既美观实用又有独创性的木结构桥梁，它的创始人是青州（今属山东）一个不知名姓的"牢城废卒"。虹桥的构造是五长两短的七根拱木构成两组拱骨系统，搭成立体的结构，再用横木联结起来形成拱架，这种结构称为"叠梁拱"。从结构力学上看，虹桥的构建是十分科学而巧妙的。然而，不期然地，这种结构也使虹桥获得了美丽的造型。大诗人艾略特曾说："一个中国式的花瓶，虽然是静止的，但是看上去却在不断地运动着。"虹桥同样具有这种"不动而动"的特质。中国的古建筑艺术本身就趋向于飞动之美。所以，虹桥独特的"叠梁拱"构架，逻辑清晰，结构严密，自然而优雅，渗融着轻盈、欢愉的情调。

再看图中的那艘船，其中包含着当时船舶发展的许多技术成就。仔细看，船板上有一排钉子。这可是世界上最先进的连接工艺，叫"钉接榫合"，也就是船板使用长钉连接，钉是从船壳外向里钉进。这项技术在唐朝已得到应用，发展至宋代，技术更加成熟。而那时欧洲国家的船板，仍用皮条和绳索绑扎，还完全不会用钉榫连接。可见，宋朝时中国的造船技术遥遥领先于世界！

由这张《清明上河图》，我们总会想起宋徽宗这个亡国之君，他不是暴君，是昏君！他十九岁登基，早年也曾经是一个有主见、有抱负的帝王。在他在位的大部分时间内，北宋经济繁荣，也不轻易对外用兵，和辽、西夏等政权也能够和平相处，国内人口六千多万。中国历史上两汉极盛之时，人口也不过四五千万。隋唐盛世，人口最高也不过是五千多万，而且那几个朝代当时的境土要比宋朝大得多。富庶一词，富是指经济发达，庶就是指人口众多，因为古人认为人多乃国家之福，人多劳动力就多，国家就富足。因此，徽宗在位中前期北宋国力确实可观。但由于徽宗"疏斥正士，狎近奸谀"，宠信蔡京、童贯等六贼，大肆搜刮"花石纲"，追求奢华，妄开兵端，最终身辱国亡！

如果仔细解读《清明上河图》，会发现其中也充满了"危机"。比如图中虹桥下面即将发生的撞船事故，是否说明画家暗喻宋朝将要沉船呢？比如没兵把守的城楼，是否意味着大宋武备不修呢？比如图中贯穿始终的众多酒家、酒店，是否说明当时的宋朝和西方拜占庭帝国一样，到处都是酗酒成性的百姓呢？所有这些，或许也是画家张择端针对岌岌可危的北宋情状来委婉地上谏或者讥讽。

此外，观看整个《清明上河图》，"酒"的意象贯穿始终。很多地方都有酒店、酒广告、酒坛子，不仅有服务上层客户的"正店"，也有服务平民百姓的"脚店"，画中最后一家"赵太丞家"诊所，广告牌子上写着"治酒所伤真方集香丸"。所有这一切，告诉人们一个意思，宋朝的经济非常发达，市场非常繁荣，内需非常强大，百姓的消费能力非常高！封建社会，但凡是乱世或者新朝刚刚建立，一般都禁酒，因为酒是粮食酿造的，百姓肚子都吃不饱，哪里能够鼓励人们喝酒酿酒卖酒啊。恰恰是发达的经济社会，酒才能够成为"社会富强"的大符号。

第三章

南宋初立

第三章 南宋初立

1. 出乎意料得帝位的赵构

宋高宗赵构置父兄于北国寒凉沙漠不顾，为保自己帝位，宠秦桧，杀岳飞，逐良臣，压制抗金武将，可谓坏事做绝，却高寿八十一岁，安于床笫而死。宋徽宗、宋钦宗为父为兄，宋高宗置之不顾，唯独不惜割地献金使尽全力把他的生母韦氏迎回。

在韦氏回南宋之前，被金人掳掠至北方的宋高宗异母妹柔福帝姬费尽千辛万苦逃回杭州，经汴梁旧宫人辨认，认定是真，兄妹二人抱头痛哭。

帝姬即公主，在宋朝，只有宋徽宗一朝的公主称帝姬。政和三年（公元1113年），大奸臣蔡京建议以古代周王朝的称号来称呼公主，好大喜功的徽宗皇帝便把帝室公主称作帝姬。徽宗皇帝有女儿三十四个，早亡者十四人，最小的恭福帝姬在靖康之难时年仅一岁，为金人弃置，饿死路上。其余十九人，包括柔福帝姬在内，皆被残暴的金军劫往北方。此外，宋徽宗有子三十一人，其中六人早亡，除康王赵构（宋高宗）外，均为金人掳走。

柔福帝姬回来后，宋高宗下诏，封其为福国长公主。不久，宋高宗将妹妹柔福帝姬嫁给了长相英俊的永州防御使高世荣，还赐予嫁妆一万八千缗。两宋时期宰相级别的官员每年的俸禄大概就是几百缗，柔福帝姬的嫁妆却如此丰厚，可见赵构对自己这位妹妹还是非常疼爱的。兄妹两个常常在宫内见面，谈起从前往事。宋高宗前前后后给了妹妹不少赏赐，总数近五十万缗。爱屋及乌，宋高宗对妹夫高世荣也非常好，不断提升他的官职。

柔福帝姬逃回杭州，过了一段时间好日子，孰料，十二年之后，高宗生母韦氏回来，她马上就表示这位柔福帝姬是假冒的。母命难违，宋高宗赵构也不得不翻脸，让人审查此案。经过主审官严刑逼供和捏造，把"真情"上禀：此柔福帝姬乃开封女尼李静善，因相貌酷似，便假冒帝姬。很快，从北方逃回的一个名叫李燮的宦者又称自己在五国城见过柔福，说她嫁给一名叫徐还的金军将领后不久就死掉。人证物证如此，可怜的柔福帝姬被哥哥高宗赵构下令处决。

宋高宗的生母韦氏为什么对柔福帝姬这么忌讳呢？其实，宋高宗生母韦氏以及柔福帝姬等宋朝皇家妇女，曾经一起在金国终日被野蛮的金人当成泄欲工具，任由金兵金将蹂躏。金人还特建一所妓院名为"洗衣院"，里面全是掳来的宋室皇族妇女，每日接客无数。在那种悲惨的地方，高宗赵构的母

第三章 南宋初立

亲韦氏与柔福帝姬难免受辱。由于柔福帝姬不是重要的男性帝室人员，较容易逃出，后被南宋的蕲州地区将官送回行在（杭州）。

韦氏一直在金国苦熬，还曾经到过五国城陪同宋徽宗一段时间。又过数年，方才被儿子宋高宗花大价钱从金国赎回，由此当上了太后。这时候，韦氏自然不想让别人知道自己在金国难以启齿的受辱生涯（她还为金朝一个将领生过两个儿子）。于是，她便下毒手，诬称柔福帝姬是假冒，以此来杀人灭口。

南宋第一位帝王赵构是如何登上帝位的呢？赵构，字德基，是宋徽宗第九子，宣和三年（公元1121年）进封康王，史载，他"资性朗悟，博学强记，读书日诵千余言，挽弓至一石五斗"。虽然史臣溢美肯定不会少，但可以肯定的是，这位爷青少年时代应该算得上是受过很好皇家教育的王子。

靖康元年（公元1126年）金军第一次围城，宋廷议割三镇给金国，钦宗皇帝就派这位九弟与大臣张邦昌一起入金营议事。史书载，"金帅斡离不留之军中旬日，帝（赵构）意气闲暇"。这皆是原先撰写"皇帝实录"的史臣的溢美之词。从未经过军阵的少爷羔子赵构，在如狼似虎的金人面前怎可能镇定自若。

不久，宋将姚平仲夜袭金营未得手，金人严责赵构和张邦昌，"（张）邦昌恐惧啼泣，帝（赵构）不为动，斡离不

（宗望）异之，更请肃王"。估计赵构当时的"不为动"，是吓傻了，斡离不这个金酋正是因为见赵构为人木讷呆滞，不似真王子，才把他打发回去，指名徽宗皇帝第五子肃王赵枢前来完成交割三镇的签字仪式。

赵构因胆小得福。这一结果后来竟被南宋文人美化成如下场景：斡离不与粘罕二人请赵构射箭，这位康王连中三个十环，两个金酋大异，认为此人不是真王爷，把他遣回汴京城内。宋高宗半壁江山为帝，牢牢掌握话语权，那些窝囊事都捏编成了"英雄"事迹。

国家多故，没多久，赵构又一次被大哥钦宗皇帝派往金营。原来，金人撤围后，宋廷派大臣王云出使金国，想以钱财赎回三镇，同时又密送蜡书与降金辽将耶律余睹，想与辽国降将联手拒金。结果，蜡书为金人所得。有了如此借口，金酋粘罕与斡离不再次出兵深入宋境。宋使王云忙派人回京，表示要宋朝派亲王到北方议和，否则金人会直取汴京。

钦宗皇帝诏任赵构出使河北，尊金太宗为伯父，携带衮冕、玉辂等皇家礼器前去孝敬。赵构一路不敢怠慢，经滑州、浚州，很快赶至磁州。在当地守城的宋朝老将宗泽语重心长地劝他不要再行："肃王（赵枢）去不返，金兵已迫近，出使又有何益？"

当时的康王赵构妄念不多，只想怎么向皇上大哥交差，彷徨犹豫。于是，在宗泽安排下，他与王云一起去嘉应神祠求签。半路，磁州百姓拦住赵构，泣谏他不要北去，并指斥王云有挟康王入金的意图，义愤之余，百姓一哄而起，把宋朝的使者王云活活打死。

康王赵构本来心惊肉跳，见民意如此，就顺坡而下不再前行出使金国。很快，金军前锋陆续抵达磁州城下，赵构更怕。正巧，相州知州汪伯彦率兵来迎，赵构忙逃往更安全的相州躲避。汴京混乱之际，钦宗皇帝在大臣劝说下，密诏赵构为兵马大元帅，汪伯彦、宗泽为副元帅，让他们尽起河北之兵入援汴京。

靖康元年（公元1126）十二月，康王赵构在相州开大元帅府，得兵万人，分为五军而进，在大名屯下营寨。老将宗泽率两千名宋兵，连战连胜，破金军三十余寨，并要求康王即刻入援。这时，宋钦宗有诏书来，表示"金人登城不下，方议和好，可屯兵近甸，毋轻动"。

其实，当时的汴梁已在金军掌握之下。汪伯彦等人皆觉得皇帝下诏，不得不从，唯独宗泽力谏：金人诡诈，此诏必是皇帝受逼而下，目的在于延缓我军。我们应立刻发兵直趋澶渊，按部就班，稳扎稳打，以解京师之围。

汪伯彦胆小而奸，暗中劝说康王赵构派宗泽拔军先行，把他调出指挥中枢。果然，宗泽刚走，康王赵构等人就跑到了东平。

转年开春,宗泽自大名至开德一路血战,十三战皆胜,气势如虹。宗泽边战边行,边上书康王赵构和其他三道宋军总管,希望他们"合兵入援"。可恨的是,这些人皆对此没有反应。

宗老将军携一支孤旅,死中求生,又在卫南一战大败金军。金人自此深惧宗泽。

靖康二年(公元1127年)二月间,钦宗皇帝在金人胁迫下发诏要赵构入京,其手下将军张俊等人劝阻。此时的赵构,手下已有劲兵十余万,犹豫再三,跑到济州躲避金军兵锋。

四月间,金人掳掠徽钦二帝及皇族嫔妃等北去,宗泽闻讯马上提军星夜兼程,想从大名渡河在路上邀击金军,抢回被俘的徽钦二帝。

金军十多万,归北时层层设防,宗泽手下只有区区数千兵马,康王赵构不发一兵一卒,老英雄只得仰天长叹。

金人撤退后,被金人立为傀儡皇帝的张邦昌马上奉宋哲宗废后孟皇后"垂帘听政",这位元祐皇后深晓大礼,手书宣示中外,表示拥立康王赵构继承帝位。

于是,公元1127年阴历五月,康王赵构在南京(商丘)登上帝位,改元建炎,也就是宋高宗了。当日,元祐皇后孟氏在东京撤帘,象征皇权交接完毕。

赵构当皇帝后,遥尊被金人俘走的宋钦宗为"孝慈渊圣

第三章　南宋初立

宋高宗赵构

皇帝"。所以，在宋史或宋人笔记中有"渊圣"字眼出现，指的就是那位倒霉的宋钦宗。南宋新政权尊元祐皇后为元祐太后，遥尊赵构的生母韦氏为宣和皇后，遥立夫人邢氏为皇后（这二人都被金人掳走，故而有"遥尊""遥立"之说）。

赵构称帝后，立即授黄潜善为中书侍郎，汪伯彦为同知枢密院事。黄潜善是张邦昌即位后第一个跑来通风报信的人，汪伯彦是第一个率相州军迎接赵构的人，二人日后为祸甚烈，与高宗赵构小人相惜，磁场相应。

武将方面，宋高宗当时能指挥得动的大概有如下数人：统河北兵的王渊、杨惟忠，统陕西兵的刘光世，统帅府兵及招降农民军的张俊、苗傅。

为了统一军政，宋高宗赵构设置御营司，以黄潜善为御营使，汪伯彦做副手，任命王渊为都统制，刘光世为"提举一行事务"，韩世忠为左军统制，张俊为前军统制，杨惟忠主管殿前御林军。上述诸人，成了赵构称帝后草台班子的主要成员。

2. 任宰相七十七天的李纲

金军第一次围城之前，有个文臣李纲一直主张抵抗。靖康元年（公元 1126 年），金兵第一次侵汴京撤围而走，力保汴京不失的李纲被众臣们合力排挤，外贬宁江军（今 重庆奉节）。金兵再来，窘急的宋钦宗忆起李纲好处，召其为开封尹。当时李纲正在长沙，闻召立刻率湖南的勤王兵马入援。行至半路，汴京已经失守。宋高宗即位后，收拾天下人心，自然首先召李纲入朝，任其为尚书右仆射兼中书侍郎。

李纲罢相后，曾经写过一首词《苏武令》，满纸悲愤和激

越,对徽钦二帝被金人北俘之事刻骨铭心:

> 塞上风高,渔阳秋早。惆怅翠华音杳,驿使空驰,征鸿归尽,不寄双龙消耗。念白衣、金殿除恩;归黄阁、未成图报。 谁信我、致主丹衷,伤时多故,未作救民方召。调鼎为霖,登坛作将,燕然即须平扫。拥精兵十万,横行沙漠,奉迎天表。

听说李纲被任命为相,宋高宗的大臣、中丞颜岐急忙上奏:"张邦昌为金人所喜,虽封为三公郡王,应再加同平章事;李纲为金人所恶,虽已命相,应在他未来之前罢掉他!"宋高宗不理,颜岐五次上表。赵构最终也烦,召来颜岐,厉声说:"朕即位为帝,恐怕金人也不高兴吧!"一句话,颜岐语塞而退。

高宗君臣之所以如此怕得罪金人,主要是因为徽钦二帝在金人手中。所以,赵构即位后马上就表示对张邦昌以及其他附金大臣"一切不问"。颜岐死心眼,一条路走到黑,自然引起高宗不悦。

汪伯彦、黄潜善也不高兴,他们自认为对高宗赵构有拥戴之功,肯定能入相,结果皇帝反招李纲坐这个位置,自然心中忌恨。所以,李纲还未入朝,一股无形的反对力量已经形成。

建炎元年（公元1127年）七月，李纲入见宋高宗，也不绕弯，立上"十事"：第一，议国是。以守为上策，修政事，励士气，然后可议大举。第二，议巡幸。建议高宗要回銮汴京一次，以慰京中百姓之心。然后，巡幸天下，"长安为上，襄阳次之，建康又次之"。第三，议赦令。恢复张邦昌之前的宋朝赦书常仪。第四，议僭逆。明诛张邦昌，以正典刑。第五，议伪命。清算附金伪官，以鼓舞士气。第六，议战。军政久废，应重申纪律，赏罚分明。第七，议守。金人狡狯，其势必重来入侵，应先在黄河、长江、淮河一线置守御。第八，议本政。改变当前政出多门的情况，权归朝廷。第九，议久任。靖康年间进退大臣太快，应对官员慎择久任，提高信任度。第十，议修德。建议高宗皇帝孝悌恭俭，以孚四海人望。

宋高宗仔细研究了李纲的十条建议，颁之于朝，但把奏疏中"议僭逆""议伪命"二事留而不发。高宗所想，一是怕激惹金人，二是刚刚坐稳帝位，不想把受过伪命的大臣都法办，那样一来就无人可用了。

李纲固执，以辞去职位相威胁，死活要高宗皇帝处理张邦昌等人，同时表示："近世士大夫寡廉鲜耻，不知君臣之义。靖康之祸，仗节死义者唯有李若水一人，应加以赠恤。"

高宗对李若水赠官抚恤自然好办，但对张邦昌这种主动送玉玺给自己的人，一时还下不了手。

由于李纲坚执己见，高宗无奈，只得把张邦昌窜贬潭州，并陆续处理了王时雍、徐秉哲等人。

而后，在李纲建议下，宋高宗又设河北招抚司、河东经制司，派出大臣张所、傅亮分别担任招抚使，并下诏诸路募兵买马，各自为战，极大地牵制了金军的力量。特别是在河北，当地义民应募者达十七万人。

李纲入朝后，上奏高宗赵构，希望皇帝能返回汴京，重整河山。但是，宋高宗最讨厌臣下以收复山河为名让他回汴京。那里最接近"前线"，这位皇帝唯恐自己也像父兄一样被金军逮去。

大臣张所带千余道空名告身（委任状），只携三千兵卒前往河北，一时间义兵云集，王彦等人纷纷被招至旗下。岳飞也向张所报到，被任为中军统领。张所问岳飞："你一人能敌几个敌人？"兵飞回答："勇不足恃。用兵主要是计谋取胜！"张所大惊："看来你不像是行伍出身的粗人！"才能得展，岳飞也向张所建议皇帝应该还汴京以保河南地。此言正中张所之意，他马上提拔岳飞为武经郎。

宋高宗赵构怯懦。在黄潜善、汪伯彦二人撺掇下，他说要"巡幸"东南，实际上是想脱离交战前线往更安全的地方逃窜。

当时,李纲坚执不可:"车驾巡幸之所,关中为上,襄阳次之,建康为下。陛下纵未能行上策,犹当且适襄、邓,示不忘故都,以系天下之心。"(《宋史纪事本末》)

赵构细思,也觉有理,诏告天下谕其还都之意。

很快,黄潜善、汪伯彦二人力劝高宗出避兵锋,一再反复之后,赵构决定逃往扬州。同时,他又下诏召回张所、傅亮二人。

得知自己计不得施,李纲心灰意冷,执意求去。高宗赵构假意挽留,李纲泣言:为臣老家本在东南,本意也希望陛下巡幸东南。但是,陛下一离中原,后患不可尽言!愿陛下以宗社为心,以生灵百姓为意,以二圣(二帝)未还为念!(参见《宋史》卷三五八)

高宗唯唯,心中老大不悦,他特别讨厌臣下言及父亲徽宗和兄长钦宗,因为二人如果有一人得归,依理他就要把帝位让出。

此时,殿中侍御史张浚上书劾责李纲以私愤杀侍从之事,又指斥他"杜绝言路,独擅朝政,事之大小,随意必行,买马之扰,招军之暴,劝纳之虐,优立赏格,公吏为奸,擅易诏令,窃庇姻亲"。其中数事,并非空穴来风。至此,李纲罢相,他总共在位才七十七天。

这时候，金军军势益炽，关中残破，中原群雄蜂起，只要有人有兵器，能扎堆凑起一拨人马，谁都可占山为王。

李纲被罢消息传出，先前在汴京率众上言钦宗皇帝罢斥蔡京等"六贼"的太学生陈东和抚州百姓欧阳澈立刻上书，恳求高宗留任李纲，罢斥黄、汪二人。同时，二人又在奏疏中劝高宗亲征以迎还二帝。

黄潜善又怒又惧，对高宗说："如果不杀此二人，恐怕他们又率众冲击殿庭。"赵构也恨得牙根痒痒，立刻派人逮捕陈东、欧阳澈二人并加以处决。

日后，李纲一直被远放偏远之地外任，但他仍旧不时上书言事。郁郁之间，李纲于绍兴十年（公元1140年）病死于潭州，年五十八岁。撰写《宋史》的元朝汉儒，对李纲评价很高，把他拟为诸葛亮一类的人物。

但是，与李纲同时代的不少人，以及后来的大儒王夫之、黄宗羲和清朝历史学家赵翼等人，对李纲的评价都不是很高。他们认为李纲坚持要徽、钦二帝死守东京汴梁的主张，导致两个皇帝成为俘虏，最终彻头彻尾葬送了北宋。

3. 悲愤而死的老将宗泽

宋高宗刚刚登基时有位老将，叫宗泽。宗泽，字汝霖，婺州义乌（今属浙江）人。其人自幼豪爽有大志，元祐六年（公元1091年）中进士，由此可见宗老爷子绝非行伍出身的军爷。

由于宗泽中进士廷对时极陈时弊，为考官所恶，被排在末甲。而后，宗泽一直辗转各地做地方小官，广察民情，为老百姓切切实实做了不少好事和实事。宋金"海上之盟"议成，宗泽对身边亲吏讲："天下从此要多事了。"于是他退居东阳，结庐山谷。

靖康元年，朝中有人荐宗泽为和议使出使金国，行前，他抱定了必死报国之心。可巧的是，主和大臣知道宗泽强直，怕他搅黄和议之事，就另遣他人，委派宗泽为磁州知州。当时，太原已经落入金军手中，宋朝凡是被委任往两河地区的官员皆推托不行。宗泽大义凛然，即日单骑就道，只率羸卒十余人，直奔磁州，到后他修缮城壁，招募义勇，把磁州建成一个坚固的抗金根据地，多次击退金人入侵。

时为康王的赵构为钦宗皇帝所遣前往金国割地，正是宗泽力谏，死活不让康王前行，才为赵宋皇族保留了一支最近的血脉。南宋最终能够立国，宗泽功不可没。

宋高宗赵构继位后，他与黄潜善、汪伯彦皆讨厌宗泽成日喊打喊杀要和金兵死拼，就派他去襄阳当知府。虽然被排挤在外，宗泽仍一腔忠气，听闻黄潜善等人在与金人搞"和议",他毅然上书,反对议和。恰值李纲入相,竭力向高宗赵构推荐宗泽。于是,宋高宗任他为东京留守,前往汴京。

当时,金朝大军屯于河上,金鼓之声日夕相闻。经过金兵两次猛攻的开封城,楼橹尽废,城颓池干,盗贼纵横,人情汹汹。宗泽入汴京之后,立刻捕诛平日横行劫掠的盗贼数人,严明号令。然后,他躬率军民,修城防,讲习兵武,屡屡出兵攻击金兵,数战得胜。同时,他上疏高宗赵构,请他回驾汴京,以收拾天下人心。对此,宋高宗只是"手札慰谕之",并未真心想还京。

当时驻扎于真定、怀州、卫州等地的金兵气势正盛,密修战具,厉兵秣马,准备向汴京展开新的大规模攻势。宗泽闻讯,立即渡过黄河,与宋朝各处将官共商御敌大计,严防金兵的突然进攻。同时,他在开封四城各置防御指挥官,造一千二百多辆战车,修补城防漏洞,严阵以待。

宗泽实地考察,根据东京及其周围地形特点,在城外凭险恃峻构筑二十四个防御据点,并在黄河沿岸屯结兵寨,状如连珠,广泛发动河北、河东的汉人民兵,相互呼应。于是陕西、京东、京西诸路人马,都愿听宗泽节制。做好一切防御准备后,宗泽上疏恳求高宗赵构回驾汴京,继续率领当地人民抵抗金军的入侵。但当时的赵构等人,正策划往东南逃跑,根本没有理会。

在东京留守任上，宗泽另一大功劳，就是荐拔了大英雄岳飞。当时，身为下级军官的岳飞，由于擅自脱离一个叫王彦的义军统领，犯法当斩，宗泽恰恰临刑监斩。结果，老爷子见岳飞身板壮实，有厚重之气，大叹"将才也"，马上下令开释岳飞。

至于岳飞当时所犯的"罪名"，说大不大，说小不小，但乱世用重典，为了严明纪律，军将下令斩杀违犯小纪的兵将，也是权谋所需。

宗泽这个人非常有统驭之道，他经常只身一人头系幅巾进入各个刚被政府军收降的山大王营寨，不惧不畏，即使杀了某人的哥哥也敢立刻下令某人出去破金兵，恩威并施，屡试不爽，在中原一带深得人心。

由于当时金军猛攻汜水，宗泽就交给岳飞五百名兵士，让他破敌立功赎罪。岳飞感泣，出营后，他奋勇无前，以五百兵大败金人劲兵数千人，阵斩敌人枭将。大喜之余，宗泽立授岳飞统制官，教他阵图兵法，并嘱咐他说："你的智勇才艺，可比古之良将也，但你好野战，非万全计。"

岳飞朗言答道："阵而后战，兵法之常。运用之妙，存乎一心！"

几句话，说得宗泽连连点头称是，岳飞由此而知名。如果没有宗泽这位识才的伯乐，岳飞这种非正规军出身的

"义勇",很可能会一直默默无闻,或者早就在乱军中被胡乱杀掉。

不久,岳飞上书言事,指斥汪、黄二人误国,希望高宗赵构亲征。疏上,汪、黄二人指斥岳飞越职言事,下令罢去他的军职。在宗泽鼓励下,岳飞并不泄气,前往河北归投宋将张所,献计献策,大为张所信用。

建炎元年(公元1127年)十一月,高宗赵构逃往扬州,北方各地兵民听说皇帝南逃,无不丧气。

为此,宗泽即刻上疏,恳请高宗回京,赵构仍旧快马加鞭向东南跑。

不久,得悉金兵准备进攻汴京,宗泽派刘浩趋滑州,刘达趋郑州,以图分散金军兵势。金将兀术(完颜宗弼)得知宗泽有备,不敢向汴京发动攻击,夜断河梁而去。

建炎二年(公元1128年)正月,兀术的大军已从郑州进至白沙,离汴京非常近,宋人震恐。宗泽不慌不忙,立遣数千精锐宋兵,绕出敌后,与正跟金军交战的宋将刘浩相呼应,前后夹击,大败金军。

宋将张㧑至滑州,寡不敌众,有人劝他暂时撤退以避金军锋锐,张㧑大呼:"避而偷生,有何面目见宗公!"于是他拍马舞刀迎战,力竭而死。

宗泽得报,忙遣王宣支援,但张㧑已经战死。悲愤之余，王宣所部宋军马上冲入战场，与金人死拼，打得金军败逃而去。

金军数年以来在中原地区纵横无敌，此时终于遇到一个令他们心中生畏的宋方统帅。不久，宋朝降金将领郭俊民、金军汉将史某以及燕地汉人何祖仲为金军差遣，持书"招降"宗泽。大庭广众之下，宗泽对郭俊民讲："如果你战败而死，尚能为大宋忠义鬼。今为金人游说，充为口舌之使，有何面目活在世上！"立命推下斩首。

然后，他又对金将史某说："我为宋朝东京留守，以死报国。你为金将，当率军前来进攻，与我死战，却以儿女之语恐吓我，饶你不得！"又斩之。

轮到一直在旁股栗颤抖的何祖仲，宗泽语气舒缓："你本是我大宋国民，为金人迫胁而来，非出己意，赶紧回家吧。"命人解锁放掉。

当时在场的兵民见状，内心叹服不已。由于宗泽声威日著，金人畏惮其名，对宋人和汉人讲起这位老英雄，口中必称"宗爷爷"。

三月间，宗泽招降河北民间武装头领杨进的三十万人马。不久，河东民间武装头领王善拥众七十万人，准备前来攻打汴京。宗泽闻讯，逆行而进，单骑进入王善营盘，泣劝道："朝廷危难之时，如果有像王公您这样的人物一两个，敌患就不难平。此时正是您临危立功之秋，希望把握机会！"

王善闻言感泣，深为宗泽的高风亮节所打动，跪谢道："敢不效力！"立时之间，率数十万兵士解甲归降宗泽。

在宗泽感召下，汴京失陷后各拥兵为王、占山为寇的武装力量百余万人，皆心悦诚服，归于宗泽麾下，聚兵于汴京四周，遥相呼援响应。

宗泽募兵储粮，召诸将准备渡过黄河进取，诸将皆掩泣听命。在如此大好情势下，宗泽再三上书高宗赵构返京，均没有答复。

建炎二年（公元1128年）六月，宗泽命令王彦所部兵向汴京方向集结，屯守滑州。

王彦，字子才，上党（今山西长治）人。此人文武全才，曾入京参加武考，在宋徽宗面前献过武艺，后随大将种师道两次深入西夏，立有战功。金人陷汴京后，王彦慨然弃家赴国难，为河北招讨使张所擢用为都统制官，率部下岳飞、白安民等十一将共约七千人渡河，大败金军。

金军大惊，以为是宋朝主力前来，发兵数万人，把王彦的部队层层包围。面对金人大军，王彦心惧，自知所部才七千人，难以与五六万人的金军抗衡，闭垒不出。

岳飞胆大，他也不听王彦号令，率自己手下数百人独出与金兵鏖战，混战之间，夺得金朝大纛，在马上四下挥舞，诸军争奋，收复新乡（县）。转天，岳飞又率兵与金军激战于侯兆川，大英雄身被十余创，血战不退，士皆死战，再次击败金军。

由于本部粮草用尽，岳飞率所部返归王彦营垒求粮，王彦深恨岳飞不听节度，没有答应。于是，岳飞掉转头，率领这些肚中无粮的饥兵更加深入金人占领区，在太行山与金军进行殊死战，生擒金将拓跋耶乌（此人是辽朝降金的将领）。

不数日，岳飞又与大股金军相遇，大英雄单骑持丈八铁枪（正史所载，与张飞的"传奇"不同），拍马而前，杀金将黑风大王于马下，金人惶惧退败。一代战神岳飞，到底使用的是什么兵器呢？在元朝官方编的《宋史》里面，岳飞的身世记载得模糊不清，这当是秦桧当权杀害岳飞之后抹去了他不少历史文献。后来，岳飞得以平反，他的孙子岳珂在他的《金佗稡编》里面详细记录了岳飞的一生。根据《金佗稡编》以及《宋史》的零星记载，岳飞一生主要使用的兵器如下：第一，弓箭。弓箭这种兵器在冷兵器时代是最常用而且杀伤最有效的一种，而岳飞最善用的就是弓箭。根据《宋史》记载："（岳飞）生有神力，未冠，挽弓三百斤，弩八石，学射于周同，尽其术，能左右射。"在岳飞之前，宋朝的最高挽弓记录为三石（宋斤二百七十七点五斤），岳飞将这个纪录提高了二十二点五斤；不仅如此，岳飞箭术高妙，可左右开弓。

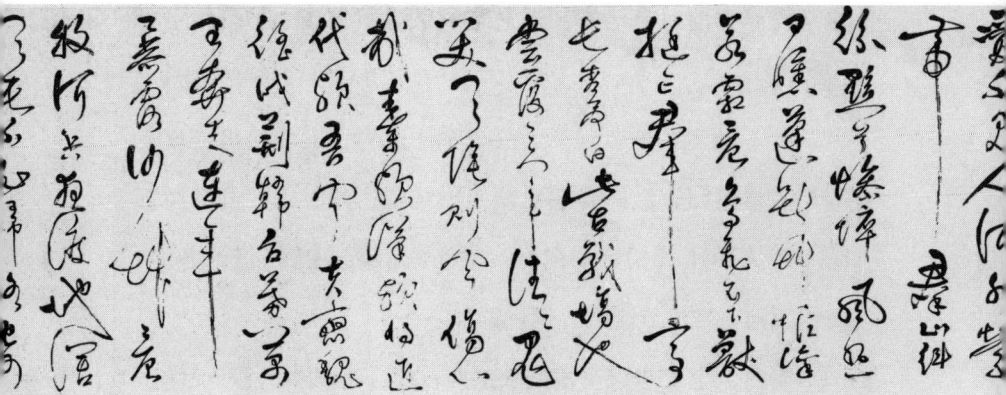

岳飞《吊古战场》草书（局部，相传为岳飞手书）

第二，长枪，就是铁制长枪。长枪是从长槊发展而来，隋唐以后，长枪一直是武将们钟爱的制式武器。根据《宋史》记载："居数日，复遇敌，（岳）飞单骑持丈八铁枪，刺杀黑风大王，敌众败走。"第三，刀、短刀。根据岳珂《金佗稡编》记载："（岳飞）乃独驰迎敌，有枭将舞刀而前，先臣以刀承之，刃入寸余，复拔刀击之，斩其首，尸仆冰上。"第四，锏。评书中讲到不少英雄用锏，最有名的是隋唐英雄秦琼秦叔宝，其实秦琼不用锏。而历史上的岳飞，还真用过这种武器。根据《金佗稡编》记载："战于曹州，先臣被发，挥四刃铁简，直犯虏阵。士皆贾勇，无不一当百，大破之，追奔数十里。"

数胜之后，岳飞知道回归王彦不会有好果子吃，便前往汴京投靠先前对自己有知遇之恩的宗泽。宗泽立刻以岳飞为留守司统制。

由于岳飞在外牵制了大股金军注意力，王彦趁机连夜突围，诸将散归，最终得在共城西山结营，此时，兵员已经不满一千人。经营据点的同时，王彦派出数人持密信到各地，交结两河一带汉族豪杰，伺机再举。

当时，金人悬以重赏购求王彦首级。王彦本人深入敌境，心中忧恐部下生变，每天晚上睡觉都要换几个地方。其手下将士心酸，相聚商量后，一起在脸上刺"赤心报国誓杀金贼"八字，以向主将表达他们誓死无二心。

王彦非常感动，他抚爱士卒，与部下同甘共苦。很快，两河豪杰响应，一时间归附者十余万人。这些人随即也都在脸上刺字，所以，王彦所部，其后统称为"八字军"。

往士兵脸上刺字，本是唐末五代军阀怕军士开小差想出的毒招，日后渐成俗例。宋军士兵一般在颈间刺字。但皆为军规所迫。至此，汉族兵民自己主动刺字，实是发自内心的忠义表现。

金军统帅面对这支突然冒出的抗金力量，深以为患，急召各部首领商议，准备发数万劲兵合攻王彦。被金军统帅委任为前锋的金将听令后，竟然"咕咚"一声跪地，泣求道："王统制兵寨坚如铁石，未易图也。"如此情景，是金军师营中数年皆未出现过的罕有之事。

商量过后,金军大将们也知王彦军队不可轻视,便决定派劲骑四出,攻袭王彦的粮车。结果,王彦早就勒兵待之,各个击破,反杀掉不少金兵。宗泽闻之大喜,但也认为王彦孤军不可独进,便召他入汴京议事。王彦行前,悉招诸寨指挥入大帐,授以方略,让他们等待合兵北伐的命令。然后,他率万余人拔营,向汴京方向奔赴。金人以重兵蹑其后而不敢进攻,显然是被王彦的"八字军"打怕了。

到达汴京后,宗泽命他在附近驻兵,于是王彦屯军于滑州的沙店。大好形势下,宗泽上书高宗赵构,表示自己已经连兵百万众,准备分路并进,收复山河,泣求高宗还京,以图中兴大业。不料,宋高宗怯懦加私心,他根本没有返回中原的打算。不久,黄、汪二人又派郭仲荀为东京副留守以"伺察"宗泽,不停在高宗赵构耳边说宗泽有反心。

忧虑成疾,老将宗泽急火攻心,八月间,他忽发重疾。众将问疾,宗泽强打精神,愤然道:"我以二帝蒙尘,愤愤至此。汝等如能歼敌,则我死亦无恨!"

众将闻言,皆感慨流涕,齐声回答:"敢不尽力!"

临死,老英雄叹道:"出师未捷身先死,长使英雄泪满襟!"咽下最后一口气前,宗泽三声大叫:"过河!过河!过河!"

宗泽卒年六十九岁。汴京兵民闻讯，号恸满路。

4. 偏安江南的一场闹剧

宗泽死后，其子宗颖素得将士心，汴京兵民纷纷上书请宗颖代其父任。高宗君臣当然不答应，派了一个叫杜充的文臣前来任东京留守。

这位杜充"酷而无谋"，到任后，他尽反宗泽措置，许多中原豪杰看到这个人苛刻猜疑，不能服众，不久都分别散去，重新四处流窜。

"八字军"首领王彦得知宗泽病逝，立刻以手下众军付于东京留守司，只率数名亲兵趋行在（扬州），他先是进见黄潜善、汪伯彦，力陈己见，要高宗皇帝顺行众望，北还击贼。汪、黄二人就恨外来将帅言兵言恢复，大怒，马上向宋高宗汇报，说了不少王彦的坏话，让宋高宗"降旨免对"（即皇上不亲自召见），下令给王彦一个"御营平寇统领"的虚衔。

王彦得知新任的顶头上司御营使就是曾经降金的宋朝将领范琼，深以为耻，马上称疾致仕，离朝而去。

建炎二年（公元1128年）九月，金人攻陷冀州，守将李政死节。十月，金将讹里朵在五马山大破宋朝宗室信王赵榛。这位信王是赵构的弟弟，北迁途中乘间逃出，被两河一带汉人拥戴，故而金军集大军一举攻灭之。赵榛亡走，不知所终，估计为乱兵所杀。（史家一般认为这个信王赵榛不是真的，但也无明据）。

年底，金军攻克延安府，宋朝通判魏彦明死节。完颜娄室破潼关，秦陇大恐。金军又陷濮州、相州、德州等地。宋臣杨粹中、赵不试、赵叔皎等死节。而后，宋朝的东平府、河中府皆告陷落。

金军元帅完颜宗翰攻陷袭庆府，有金兵想要挖孔子墓。完颜宗翰是个粗人，就问渤海人通事（翻译）高庆裔（会讲汉话）："孔子是什么人？"高通事回答："是古代大圣人。"完颜宗翰虽是大老粗，闻言也大怒，呵斥那些想要挖墓的金兵说："你们好大的胆子，古代大圣人的墓也敢发掘！"立即下令斩杀挖墓的金兵。

建炎三年（公元 1129 年），金将完颜娄室破晋宁军，宋臣徐徽言死节。八月，接替宗泽的东京留守杜充弃东京汴梁而逃。临行，大将岳飞苦谏："中原地尺寸不可弃，今一举足，此地非我有。他日取之，非数十万众不可！"

杜充是个卑鄙小人，惜命要紧，根本不听，匆匆逃回扬州。

转年三月，金人攻入汴京，宋朝的代理留守上官悟慌忙逃出城去，在外被别的武装所杀。至此，宋朝四京皆陷于金人之手,中原两河之地,完全丢弃。

中原如此涂炭,身在扬州的高宗赵构并不"介怀"。建炎二年(1128年)十一月,他下诏让官员先奉元祐皇太后以及后宫、皇子等人到杭州,为自己起行做准备。同时,他正式任用黄潜善、汪伯彦两个奸贼为尚书左右仆射兼门下中书侍郎,并高兴地对二人说:"潜善作左相,伯彦作右相,朕何患国事不济!"

奸君奸臣,气味相投似胶漆。

金军进军的速度奇快。建炎三年(公元1129年)三月,完颜宗翰大军已直指扬州,转眼就攻至天长军(今安徽天长)。扈卫将忽然闯宫,报告说金军近在咫尺,吓得高宗肾惊脑骇,从此丧失了生育功能。仓皇之间,赵构仅带数骑,逃过长江。日后有好事者渲染,说祠中泥马显灵渡赵构,即"泥马渡康王"故事。此种无稽之谈,宋朝的官私双方皆津津乐道,以此来显示宋高宗的"正统性"。其实,宋高宗过江而去,是狼狈不堪的逃跑剧。

金人铁蹄迅猛,扬州一片混乱,宋朝军民死伤无数。高宗赵构由于自己连生育方面都失去功能,深恨起一直在身边劝慰自己周遭"太平"的黄、汪二人,下诏把二人罢相,转任朱胜非为右相,王渊为签书枢密院事(统领三军的第三把手)并兼御营都统制(御林军司令)。

王渊，字几道，熙州人，善骑射，有智谋，早年击夏国、破方腊，均有战功。靖康之变后，是最早投附赵构的军将之一。后来，他任制置使，率宋军为赵构幸东南打前哨战，剿平了江南不少股乘乱而起的武装。但是，金军攻扬州之时，王渊主管江海船运，误了宋军渡江大事。

高宗赵构原本想逃至江北的镇江暂避金人，群臣亦以为然，唯独王渊力争，认为临安（今浙江杭州）有"重江之险"，所以说他是日后南宋定京杭州的定策者之一。

扬州败后，王渊理应被责处，但因为他与康履等宋高宗宠信的宦官关系好，反而被升官，致使诸将怨愤。为了平息众怒，高宗收回对他"签书枢密院事"的任命，仍让他担任禁卫军都统制之职。

高宗驻跸杭州，以杭州为行宫，基本上决定在此待下去。为了做样子，他下诏"罪己"，大赦天下，同时，"放还士大夫被窜斥者，惟李纲不赦"，目的在于"罪（李）纲而谢金（人）也"。都什么时候了，被金人追着屁股撵杀，还念念不忘讨好金人，高宗君臣确实昏庸。

很快，杭州发生戏剧性一幕，于高宗赵构而言，险过剃头——此幕重头戏，以禁卫军军官苗傅、刘正彦为主角，史称"苗刘之变"。

苗傅，上党人。他的伯父苗授在元丰年间曾为殿前都指挥使，应该说是武将世家。靖康乱起，苗傅与张俊、杨沂中等人归奔康王赵构。刘正彦也是将门之子，其父刘法死于宋夏战争（当时，刘法被童贯大公公逼迫出战）。

王渊曾在刘法手下当过差，为了报答当年老上司对自己的恩德，他推荐刘正彦入朝。刘正彦能干，在讨伐巨贼丁进的战斗中立大功，后随苗傅一起统掌御林军。宋高宗从镇江跑到杭州，当时诸大将如刘光世、张俊、杨沂中、韩世忠等人皆被外派把守险要地点，护卫皇驾的只有苗傅等人。

王渊从扬州败退之际，不派人用大船运兵，反而运载十多艘大船的私人财物，浩浩荡荡驶进杭州靠泊。为此，当地老百姓愤怒，皆指着大船道："船上的东西，都是王渊平时掠积的富人财物！"

高宗身边宠信太监康履、蓝珪等人专恣用事，肆作威福，兵荒马乱仍大讲排场，在岸边赏观钱塘潮，供帐遮道，惹得众怒沸腾。

苗傅本人自负宿将，有护卫之功。眼看王渊青云直上，他自然心中不忿。刘正彦虽受过王渊提拔，也抱怨自己功高无赏，近日他手下亲军又被王渊所夺，心中也恨。

于是，二人密议，引王世修、张逵、王钧甫、马柔吉等人准备趁机起事。王世修、王钧甫等人都是燕地人，出身于"赤心军"地方武装。起事前，这几个人派人到诸营传话，

"如果杀掉王渊和内侍宦者,人人可富,朝廷法不责众,大家肯定没事"。

本来军士就恨宦官,这时候都咬牙切齿表示响应。

转天,苗傅、刘正彦率兵在城北桥下埋伏。王渊退朝,骑马经过,桥下伏兵忽起,王渊虽是武将出身,但事起仓促,一身武艺也使不出,被众兵踹于马下,指责他要与宦官们一起谋反。惊愕之间,王渊于人群中看见自己荐拔的刘正彦,抓住救命稻草一样,忙喊"老刘你替我说话"。刘正彦大步上前,抽刀就把王渊脑袋砍下,以"实际行动"表明了自己的立场。

一不做,二不休,苗、刘二人指挥八千禁卫兵,四处捕杀宦者,凡无须者尽杀之,不少杭州本地人荷尔蒙分泌不旺没长胡子的,也被糊里糊涂当宦者杀掉。当天,宦者被杀一百多人,只有太监康履趁乱逃入内宫。

得手后,乱兵们把王渊首级悬于大矛枪之上,直朝高宗所在的"皇宫"而来。守门的中军统制吴湛本来就是苗傅手下,他一边开大门放入乱兵,一边派人向内殿的皇上报告:"苗傅将军不负国家,只要为天下除害。"

杭州知州康允之闻变,慌忙入宫,请送高宗往宫城内的城楼躲避,百官慌忙赶到,都随着宋高宗到城楼处躲避。排列停当,殿前禁军军官仍旧依礼大呼"皇上驾到"。

苗傅见到皇帝的伞盖，按照惯性依旧山呼而拜。

高宗凭栏，问："爱卿你们因何而来？"

苗傅这时候来了精神，厉声回答："陛下信任宦官，军士有功不赏，谁和宦者关系好谁就得美官（指王渊）。黄潜善、汪伯彦二贼误国，仍未远窜。王渊在扬州遇敌不战，因与康履是好友，竟得枢密高职。臣我立功甚多，只获任远郡团练使的微官。王渊已斩，望皇上下旨杀康履、蓝珪、曾择三个宦者，以谢三军！"

细品此言，前半段均是正大光明大道理，接下来抱怨自己官小，已经可以见出苗傅大兵出身没有政治远见。

高宗赵构寻思一会儿，想先稳住苗、刘二人，便表示要把三个太监流放海岛，还要正式任命苗傅为御营都统制，刘正彦副都统制，希望他们二人马上率将士回营。

觉得自己提出的条件没有得到满足，苗、刘二人不答。他们身后的数千官兵也都群情激愤，怒视城楼之上。

宋高宗心虚，便问计群臣。大臣时希孟表示应该把康履交出由军士处理。宋高宗还犹豫："朕左右怎能缺了使唤人呢？"

这时候，主管军械的官员叶宗谔心中有气，旁边插言："陛下就可惜康履这么一个东西吗？"未等宋高宗回话，他挥手让卫士从清漏阁屋檐下面搜出瑟瑟发抖的康公公，绑个结实，推下楼交给苗傅等人。

楼下众兵士看清来人确是平日里嚣张跋扈的康太监，把他弄跪下摆正，大刀一挥，这位大公公被腰斩。

杀了康履，苗傅仍旧愤愤不平，在楼下对宋高宗大声肆言："陛下您不该当皇帝，渊圣（钦宗）归来，当何以处之！"

闻言，高宗赵构心惊肉跳，马上派右相朱胜非下楼劝谕。

苗傅表示，要请元祐太后（孟氏）垂帘听政，还要与金人议和归还二帝。事已至此，宋高宗只得马上答应。

苗、刘二人得寸进尺，又表示说现在应该立皇太子，意思是让高宗退位当"太上皇"，以此先架空他。无奈，众臣只得先把元祐太后孟氏请出。

当时，天气寒冷，城楼风如刀割，高宗赵构只有一竹椅可坐。太后肩舆到来，高宗赵构只得站起身，立于孟太后的椅旁，不可谓不狼狈。

苗、刘二人见到孟太后，连忙下拜："今日百姓无辜，肝脑涂地，望太后主张。"

孟太后是知情达理妇人，晓谕二人道："道君皇帝任用蔡京、王黼，更改祖宗法度，加上童贯挑起边衅，最终招致金人之祸。当今皇上英明诚孝，没有失德之处，只是为汪、黄二人所误，现已经窜逐二人，难道苗统制您不知道吗？"

苗傅跪称："臣等定议，必欲立皇太子。"

孟太后也恼，说道："今强敌在外，让我一个妇人家在帘后抱个三岁小儿坐江山，何以号令天下！"

刘正彦等"号泣固请"，他很会渲染悲壮气愤，对身后黑压压的兵士高呼："太后不答应我们所请，我罪当受斩！"说着话，还故作"解衣状"。太后只得好言劝慰。

苗傅见火候差不多，进一步威胁道："事久不决，恐三军生变！"然后，他又对身边的宰相朱胜非说："您怎么一言不发？"

这位朱宰相非常惶急，低头不能回答。倒是大臣颜岐有胆识，怕真拖下去军士乱起来会大肆杀人，忙从宋高宗处快步行至孟太后肩舆前："皇帝令为臣奏知太后，已决意从苗傅等人所请，乞太后宣谕。"

孟太后还挺倔强，就是不开口答应。至此，苗傅等人站起身来，愤怒溢于言表。

僵持至此，生变的苗、刘二人开始失去耐心。孟太后就命从人抬起自己的肩舆，准备还宫。

这时候，宋高宗赵构知道逃避不是解决办法，慌忙表示自己要禅位。右相朱胜非惶恐，表示自己要再下楼诘问二将。

宋高宗对他说："当为后图，事不成，死未晚。"有了宋高宗这句话，朱胜非心神略稳，回奏说："刚才在楼下，我听见贼首之一的王钧甫对我说：'二将忠有余，学（识）不足'，此人可以日后相约。"

宋高宗苦笑，将来之事，他心中没底。

事变当天，宋高宗赵构被苗、刘二人派兵软禁于显忠寺。

苗、刘二人以孟太后名义降赦，给宋高宗上个虚号"睿圣仁孝皇帝"，只留十五个内侍供差遣，把当时只有三岁的皇子赵旉推上帝位，表面上是"太后垂帘决事"，实际上杭州城内万事由苗、刘二人做主。

皇太后"赦"下，加苗傅为武当军节度使，刘正彦为武成军节度使。不久，在苗傅坚持下，南宋朝廷又不得不改元"明受"，所以"苗刘之变"又称"明受兵变"。

兵变暂时成功之后，苗傅和刘正彦就显出了他们大老粗的一面，以为自己已经把握了大局。为此，宋高宗和宰相朱胜非等人就有机会有时间在苗刘军队中策反。当时，苗、刘二人希望迁都南京（今天的河南商丘），马上就被朱胜非以南京太靠近金兵为理由给阻止了。后来，他们又想把高宗迁到徽州和越州，也没能成功。

几天之后，宋高宗退位大赦天下的诏令传到驻守平江（苏州）的宋朝大臣张浚军中。这个张浚感觉非常敏锐，他立刻意识到朝廷肯定发生了变乱，马上会合韩世忠、刘光世等各路将领起兵勤王。听到这个消息，苗傅打算绑架韩世忠的妻子儿女作为人质，宰相朱胜非却说不必如此鲁莽，说现在太上皇和小皇帝都在我们这里，还是要争取众将的支持，只要派人去平江当说客，肯定就可以让勤王的军队退却。苗傅居然就相信了朱胜非的建议，放弃了绑架韩世忠家属做人质的念头。为了迷惑苗傅，张浚甚至伪造了一封书信，故意让苗傅手下人截获，书信的内容，就是张浚假装对别的将领夸奖苗、刘二人对朝廷忠心耿耿，应该加以褒赞。看了这封书信，苗傅居然就更以忠臣自居了。张浚、韩世忠以及刘光世等人集结完各自的军队之后，马上联名，传檄天下，让大家都前来勤王救皇帝。

很快，诸路宋军四集，苗、刘二人心慌，知道自己手中的几块大"招牌"都没有什么用。其实，苗、刘二人谋短识浅，他们谁也没有篡位或"挟帝令诸侯"的意图，完全是一时的意气用事。现在，毕竟干出逼帝退位的"大逆不道"之事，开弓没有回头箭。在外界压力下，苗、刘两个人只得恳请高宗复辟，立嗣君为皇太子。朝廷为此下诏，徙苗傅为淮西制置使，刘正彦为副手。至此，"苗刘兵变"实际上已经失败。

韩世忠、刘光世、张浚等人没有任何停歇，依旧率领大军猛攻，苗、刘二人手下军队自然不是对手。

临逃前，苗、刘二贼天真，竟还冲入朝堂，索得高宗"赐予"的誓书铁券，然后才引精兵两千人连夜开涌金门逃走。此二人如果有点脑子,就应该挟高宗、皇太子以及孟太后一起逃,那样一来,宋军投鼠忌器,后果如何,很难预料。

现在,他二人舍下宋高宗等"挡箭牌"而跑,完完全全成了"贼",誓书铁券已毫无用处。任何"铁券""誓书"都有一个前提:"除大逆之外……皆赦",二人犯的正是"大逆"。

苗、刘二人脚快,一路跑向富阳、桐庐、寿昌等地。这时候,韩世忠自告奋勇,率军追击二贼。这位韩爷之所以这么"积极",是因为被杀的王渊是他从前的老首长,对待自己甚厚。

没多久,叛军窝里反,当初起事的骨干分子王钧甫和马柔吉父子均为军中手下所杀,首级被送往官军处领赏。刘正彦、苗傅二人相继被生擒,送往建康闹市,遭凌迟碎剐之刑。

前前后后,苗、刘二人折腾两个月不到,真正像一场"闹剧"。

对宋朝皇室来讲,最不幸的当数宋高宗唯一的儿子赵旉病死,赵构至此绝了后,宋太宗一系的帝室血脉至此了绝。三岁小娃娃,生下来就随其父东躲西逃,最后被苗、刘派人拥上帝位,什么都不懂,今天一拨军人,明天一拨太监,后天一拨宫女,照顾来照顾去,最终"照顾"到病重而死。其死因,据说是有个宫女不小心把宫内一个大铜炉碰撞倒地,咣一声，熟睡中的三岁儿竟然因此惊悸而死。怒极之下，虽然赵构下令处死当值宫女、太监、保姆，但仍旧挽回不了自己继承人的性命。

"苗刘之变"的内忧平定，金人侵逼的外患又来了。

本来，高宗赵构刚刚把杭州升为临安府，准备在此温柔乡中长驻不走，可金朝的兀术统率四路大军已经气势汹汹地杀来。

面对金兵入侵，高宗首先想到的不是抵抗，而是乞求"援师"。于是，他派人给金军左副元帅完颜宗翰捎去书信，卑辞下意，哀求金人放自己一条活路。

他的亲笔信卑躬屈膝，虽然文笔老到，内容却丢人现眼到家。南明永历帝被吴三桂追杀，他所写书信，"灵感"估计也源自赵构这封乞哀书，只不过文字更生动，泪水更丰厚，言辞更哀乞。求哀当然不顶事，金军依然马不停蹄。

无奈之余，宋高宗召集诸臣商量下一步的"驻跸"（其实是逃亡）之地。张俊要高宗幸鄂州，岳飞要求幸长沙。韩世忠虽是大老粗武将，说话却很有远见："国家已失河北、山东，若又弃江、淮，更有何地？"

大臣吕颐浩说话更至诚："金人谋，以陛下所至为边面。今当且战且避，奉陛下于万全之地。臣愿留常（州）、润（州）死守。"

建炎三年（公元1129年）十一月，高宗赵构在杭州屁股也没坐热，急急逃往越州（浙江绍兴）。接着，他闻警即逃，一路大跑，逃至明州（今浙江宁波）、定海（今浙江宁波市镇海区）、昌国（今浙江舟山市定海区），最后竟逃至台州与温州之间的海上，龟缩于船中躲了起来。

兀朮大军攻克明州后，大集船只，准备从海路追击高宗赵构，抱有必擒赵构之心。

5. 韩世忠与金兵鏖战黄天荡

兀朮大军攻克明州之后，准备了好多大船，准备在海路擒拿宋高宗。但是宋高宗赵构衰人总走狗屎运，忽然海上起风暴，金军北兵在水上战斗力减弱得厉害，上吐下泻之余，被宋军水师打得大败。疾疫加上战线漫长，金军无论是军力还是补给都遇到了困难。

兀朮不得不下令回军。金人撤军途中，一路烧杀抢掠，无恶不作，明州、临安、平江等地被金军抢空不说，城楼居房皆烧成白地。

金人自磁州一路南侵而来，宋臣投降的不少，死节的也很多。宋朝庐州、和州以及无为军的三个守臣李会、李俦、李知几全是脓包，非降即走。建康之战，从前被高宗派往汴京代替宗泽的那个草包文臣杜充见势不妙，在金人许诺立他为帝的引诱下，立刻出城拜于兀术马首。但是，危难时刻，大宋的溧水县尉潘振、建康通判杨邦乂等人虽官职卑微，皆抱"宁作赵氏鬼，不作他邦臣"的信念，慷慨死节。

建炎四年（公元1130年）四月，兀术从平江撤军后，准备由镇江渡江北上。此前，韩世忠以前军驻青龙镇，中军驻江湾，后军驻海口，拟待兀术还军时截住金军。但金军改由秀州趋平江，韩世忠前计不得行，就移师镇江以待，先派出八千军士屯于焦山寺。

韩世忠，字良臣，延安府绥德军（今陕西绥德县）人。"风骨伟岸，目瞬如电。早年鸷勇绝人。"（《宋史·韩世忠传》）这位身形俊美的美男子，年轻时是个市井无赖，家贫无产业不说，还嗜酒豪纵，当时人称"泼韩五"。坊间有个算卦的人叫席三，曾当众掐指说，韩五，你日后当作三公。韩世忠闻言大怒，认为席三当众侮辱取笑自己，趁着酒气当街把席三痛殴了一顿。日后，韩世忠显贵，这个卦师席三也逃到江南，说起旧事，韩五爷慨叹不已，立即拿出三万缗钱相赠。

崇宁年间，韩世忠在与西夏战争中曾立大功勋，阵斩夏国驸马一名。在多次战斗之中，他常常登城先上，真正是一刀一枪地博取功名。而后，他随童贯去江南平方腊，在王渊手下立功不少。特别值得一提的是，方腊大败后，躲入睦州

第三章　南宋初立

清溪山洞幽深林莽间，正是韩世忠孤身潜入山谷，格杀数十人，生擒方腊而出。

靖康年间，韩世忠在河北力破金兵，曾被钦宗皇帝于皇廷接见，以功迁左武大夫。康王赵构继位后，授韩世忠兴州观察使。此后，他跟从宗泽抵御金兵入寇。高宗赵构跑到东南地区，韩世忠率部一直扈从，并在江南平定无数大小内乱。

苗刘之变，韩世忠更是一马当先，不顾自己妻儿皆在苗傅手中，发兵讨贼。高宗赵构见韩世忠，当时就握手恸哭说道："中军吴湛佐逆为最，此人尚在宫中，爱卿能为我除害吗？"于是，韩世忠只身闯入禁卫营，远远看到吴湛，假装与他高声寒暄问好。两个人握手之际，韩世忠猛力掰断吴湛手指，把他踢倒在地，然后喝令兵士绑上，显戮于市。乱平之后，高宗手书"忠勇"二字，揭旗以赐，并授韩世忠检校少保、武胜昭庆军节度使。

至此，韩世忠准备在镇江截击兀术大军。观察地形后，他认定金军肯定会有指挥官登金山庙的高地四望地形，就派一百名士兵潜伏庙中，一百人埋伏在水岸边，约定以鼓声为号，金将至时岸边兵先入，庙中兵突出合击。果然，金人有五骑"得得"而来，可惜的是，庙中埋伏的宋兵沉不住气，先鼓而出，未能与岸边宋兵形成合围之势，仅得金人二裨将，三人逃去。其中一人，绛袍玉带，看似大人物。审问俘虏，

方知刚才那个掉下马又爬上马的正是兀术本人。

不久,双方互下战书,约期交战。宋金接战江中,凡数十合,韩世忠力战,他的妻子梁氏亲自擂鼓,金兵终不得渡。

韩世忠的夫人梁氏,在演义中称梁红玉,但史书中未载其名。据宋代笔记所讲,韩世忠一生共有四妻,梁氏为其第二个夫人,出身奇特,乃"京口娼女",也就是歌伎出身。韩世忠未发迹前,她就慧眼识英雄,不停给韩世忠金帛以供用度,暗地约为夫妇。苗刘之乱,苗傅还想把梁氏作为人质关起来,结果遭到宰相朱胜非的拒绝。而梁氏丝毫不惧,他见

南宋刘松年《中兴四将图》

到苗傅，立刻严斥道："韩公很快要来，您干下这等事，他拿你怎么办？"当时苗傅心惧，还下跪求梁氏在韩世忠和孟太后面前说好话。于是，梁氏入见元祐孟太后，密陈讨贼事宜，而后乘苗、刘两个人不备，飞驰出城，得与丈夫韩世忠重聚，可谓女中丈夫。

宋金双方军队水上大战，金人大败，就连兀术的女婿龙虎大王也被韩世忠生擒。惶惧之下，兀术打算把一路所掠的宝物金银全部交还给宋军，以求借道退走，韩世忠不许；兀术又请把金军高级将领所乘的数匹罕世名马上献给韩世忠,还是遭到拒绝。于是,金军无奈,只得自镇江溯流西上。

这时候,兀术走南岸,韩世忠走北岸,且战且行。一路之上,韩世忠派出数艘艨艟大舰,出其不意,居高临下,杀掉不少金兵金将。

快到黄天荡时,兀术更加窘急,因为河道淤塞,想跑也跑不出去。绝望之时,有当地人献策,"老鹳河故道虽然淤塞,可以派人凿通,直达秦淮"。兀术听计,命手下近十万名金兵以及当地抓来的汉人拼命挖掘,一夕渠成,共五十里,由此直趋建康而去。行至半路,金兵在牛头山遭遇岳飞所部宋军的埋伏,大败一场。不久,龙湾一战,岳飞以一千三百名步骑邀击金军,打得兀术奔窜而去。

为了接应兀术,金帅挞懒(完颜昌)从潍州派大将孛堇太一引兵来援,于是兀术引还,准备北渡。至此,兀术与韩世忠在黄天荡相持。黄天荡的地理位置,应该位于今天南京市栖霞区栖霞山和龙潭之间的那一大块冲积平原上。在宋朝的时候,这里江面辽阔,是南北险渡之地。经专家考证,黄天荡战役的故址应该在栖霞山摄山湖一带,那里曾经是大江的支汊湖荡,如今已成为陆地,也就是今天的栖霞街道至龙潭街道沿江一带。

在黄天荡,韩世忠分海船为两道,突出其后,金军一船一船人马地损失掉。气沮之下,兀朮派人哀求与韩世忠通话,祈请甚哀。当时,韩世忠说话很直接:"但还我两宫(徽钦二宗),复我疆土,则可以相全。"

兀朮语塞,默然而退。过了几天,眼见一两万人马又被宋军弄入河里喂了王八,他哀求与韩世忠于岸上相见。于是,双方各自骑马会晤。见装孙子哀求不管用,兀朮渐怒,开始喝骂。这边厢韩爷也怒,拿起弓箭就要把兀朮射死在当地,吓得这位金朝大帅纵马逃走。

而后,兀朮郁闷,呆坐岸边,望着江面上往来如飞的宋军海船,叹息道:"南军使船正如我军骑兵作战,恃其所长,攻吾所短,奈何?"左右默然,无论是金人、汉人,还是新降附的前辽前宋将领,都一筹莫展。

虽然坐困死地,金军心眼比较活,穷愁之下,不忘四处招贴告示,重金募计,以破韩世忠的水军。关键时刻,当地有个姓王的福建人自告奋勇,揭榜献计——他教导金军在船底装上土,然后上面铺平板,又在船板上钻出窟窿置放摇橹,然后等待江上无风时静静驶出。而宋军的大海船,在无风时根本借不上帆劲,所以动也不能动。由此,金军船动,宋军船不动,可以乘机把静止的宋军海船当靶子,发射火箭,这样一来,点燃宋朝大船的帆篷后,宋军海船肯定会变成一团大火堆。

别说,这位福建籍王氏特别卖力,边讲边用模型演示。

兀朮大喜，一夜之内，就暗中派人凿渠三十里。临战，金军又搞跳大神那类把戏，"刑白马，剔妇人心，自割其额祭天"。也就是杀了一匹大白马，把抓获的好多个汉人姑娘破腹割心作献祭，他自己还用刀割破额头，血淋淋地搞巫术仪式，以祈求能够逃出生天。

也真奇怪了。转天果然风止，宋军那些巨大的海船均不能移动。于是，"兀朮令善射者乘轻舟，以火箭射之，烟炎蔽天，（宋）师遂大溃，焚溺死者不可胜数，（韩）世忠仅以身免，奔还镇江。兀朮遂济江"。

此次黄天荡大战，宋金双方相持四十八天，韩世忠八千名宋军拒金人十万余人，虽然最终败绩，但从此金人不敢渡江。宋军虽败犹荣。

对黄天荡战役，因所据史料不同，《宋史》和《金史》有不同的描述，但都有夸大自己战绩贬低对方的嫌疑。《宋史》说两军相持四十八日，而《金史》则说只有三十日。《宋史》说金兵号称十万，宋兵八千；而《金史》上金军只有四千。兀朮那么大的元帅，不可能手下只有四千人，但从《金史》中可以看出，兀朮确实一直被韩世忠追着打，非常狼狈。虽然在兵力上两本史书上的数字肯定都不准确，但金军有十万这个数字肯定是被宋人夸大了很多。然而，即便如此，当时的金军也应有大几万人。黄天荡一仗，也不能说韩世忠的宋军是失败了，最多只能说这次歼灭战没有完全成功，最终让敌人给跑了。从战略意义上来说，韩世忠以不到一万人的队伍，一直围困追击金朝的虎狼之师几十天，这对于振奋南宋军民的抗敌决心，有着不可估量的作用。金兵从此开始心生忌惮，不敢大举南下，这稳固了南宋的宋高宗政权，也给韩世忠带来极大的声誉："知国有人，天下诵之。"

战后，韩世忠夫人梁氏抗疏上表，要求皇帝处理自己的老公"失机纵敌"，有此巾帼英雄，举朝为之动色。可见，韩世忠身边这位娘子真是明智英伟，过于一般男子。当然，高宗赵构一点没怪罪韩世忠，反而对他大加褒奖。乱世中，韩世忠这样的武将太重要了。

日后，韩世忠提兵四出，扫平了湖南、江西、福建等地多股武装力量，并在绍兴三年（公元1133年）大败伪齐刘豫的入侵。绍兴十年（公元1140年），韩世忠在淮阳大战中给予金兵沉重打击，威震一方。绍兴十一年（1141年），秦桧当政后，开始与高宗赵构一起议谋解除武将兵权，韩世忠急流勇退，自求解去枢密使之职，杜门谢客，自号"清凉居士"。此后，他绝口不言兵，终日纵游西湖以自乐，避免了岳飞那种功高被害的结局。绍兴二十一年（公元1151年），韩世忠善终于家，被追封为通义郡王，宋孝宗时又追封其为蕲王，谥"忠武"。

6. 张浚在关陕兵败失地

在苗刘之变中,贼将苗傅等人逼迫宋高宗赵构下诏改元,当时在平江的张浚知道内变,毅然招诸将讨贼,可称是这次平乱的主要谋划者。

宋高宗赵构事后非常感激张浚,他复辟后自然对他另眼相待,问以天下大计。张浚表示:"中兴大宋,当自关、陕开始,臣恐金人首先入陕,继之窥蜀,其地一失,东南再难保全。"

于是,高宗赵构以张浚为川陕宣抚处置使,在秦州(今甘肃天水)置幕府,派遣韩世忠镇淮东,吕颐浩镇武昌,以为声援。不久,又派大将张俊、刘光世"与秦州相首尾",相互呼应。同年十一月,张浚在光元治兵,以图恢复中原。

张浚,字德远,汉州绵竹(今属四川)人,是唐朝名相张九龄之弟张九皋的后代,进士出身。靖康年间,张浚为太常簿一类的礼部小官。宋高宗赵构即位消息传来,张浚即从汴京逃出,被急缺人才的高宗擢为中侍御史。

虽为文臣,张浚行事丝毫不手软。临行前,身为御营平寇将军的范琼拥兵自豫章赶至杭州,悖傲无礼。别人没敢说话,张浚上表,抗疏范琼"大逆不道"。这位范琼,先前干了不少坏事,靖康城破,金人逼胁君、后、太子、宗室北行,这范琼帮忙不少。日后,他常常纵兵乘势剽掠,确属有奶就是娘的凶暴跋扈之将。

高宗君臣一直没腾出手来收拾他,就是因为范琼手中有兵,后来还立有不少"平贼"的战功。至此,张浚疏上,高宗赵构终于下决心,把范琼收捕,让人以大棒将其击死。

当然,张浚也爱那种文人特有的夸口大言。陛辞之日,他对宋高宗赵构讲:"为臣我前驱清道,专等陛下即刻回驾中原。"并相约与高宗在汴京上元节时举行酒会,君臣共庆。

退朝后,岳飞等武将直人就对张浚说:"相公,您把恢复大计算得如此之速,不是在说梦话吧!"

张浚闻言,心中十分不快。

张浚上任之初,挺会用人。他首先以赵开为随军转运使,"专总四川财赋"。这赵开简直成为川陕宋军的财神爷,把财政搞得有声有色。接着,张浚又以曲端为威武大将军、宣抚处置司都统制。后来,张浚又推荐吴玠、吴璘为将,此二人后来一直浴血奋战,力保蜀地不失。

建炎四年(公元1130年)开春,金朝大将完彦娄室(就是追擒辽朝天祚帝那名大将)攻陷陕州,长驱直入潼关。曲端派遣吴玠抵拒。金军前锋撒离喝大大咧咧引兵而入,被吴玠宋军迎头痛击。此战过后,这位很少失手的金军猛将撒离喝被吓得痛哭不已,被金军暗中讥称为"啼哭郎君"。

首战虽告捷，但吴玠所部宋军人数太少。不久双方再次交战，宋军败绩，退屯泾原，金军乘胜焚毁邠州城。由此，吴玠就埋怨上司曲端不派兵救援，而曲端则指斥吴玠违反节度，不听指挥，自此二人有隙。

吴玠因败降职，张浚惜才，不久又升吴玠为秦凤副总管。张浚拔用吴玠，其实也是表达他对曲端的不满。金人入寇之时，张浚主张五指成拳集中主力攻打金军，身在渭州的曲端却认为应按兵据险各守坚城，不时出偏师袭扰金军，等待对方困乏时一举攻灭。由此，张浚看到下属曲端和自己战略意图不一致，故而逐渐对他疏远。

不久，兀朮在江淮一带大举侵逼游荡，张浚想出军牵扯，又是曲端发言指出不妥之处："平原广战，敌人便于驰马冲荡，而我军在此地未尝熟于水战，金人新造之势，难与争锋。宜于训兵秣马，保疆而已，后十年乃可。"此种老成持重之议，对于急欲立功的张浚来说简直就是冷水泼头。

而且，曲端说话很直："张宣抚，您贸然出战，大军如果不败，曲端我必伏剑自杀以谢！"

张浚因激成怒："我若不胜，当把脑袋输与将军！"于是，恼怒之下，二人还各立"军令状"。

静思过后，张浚非常恼怒曲端当众违抗自己。于是，张浚就以彭原之败归于曲端，下令解除曲端的兵权，贬其为海州团练副使。

这时候,刚刚经历黄天荡之险的兀术听说宋军统帅张浚想分道出陕来逼,他就主动出兵六合,趋陕西而来,与完颜娄室一起夹攻陕西。

建炎四年(公元1130年)十月,听说兀术军将至,张浚连忙调兵遣将,檄召秦凤路孙渥、熙河路刘锡、泾原路刘锜、环庆路赵哲以及吴玠所部军士,共四十万人、七万匹战马,以刘锡为统帅,准备与金军决战。

听到张浚如此排军布阵,宋朝昔日的"八字军"主帅王彦苦苦谏劝:"陕西兵将,上下之情未通,一战不利,则五路兵马俱败,不若屯据险固坚城,万一有失,亦可顾此保彼。"

王彦的识略,其实与曲端相当。吴玠也认为应该据守要害,不要轻易出战和金军硬碰硬。

张浚不听,表示说在陕西与金军相争,目的就是为了减轻东南方高宗皇帝那边的压迫,以牵制金兵,力保宋高宗赵构的安全。

可叹的是,张浚四十万大军本来可以就近率先攻灭从东南疲惫而来的兀术军,可他舍近求远,一个劲儿下正式战书,约战当时远在绥德的完颜娄室所部金军。

熙河路主帅刘锡这时候也没有什么主见,就与诸将谋议。吴玠认为宋军在富平的地势不利,应乘高据险。其余将领皆轻敌,认为宋军与金军相望的中间地带是沼泽,金人骑兵不能驰突,宋军人数多确实占优势,不用再择高地以示怯懦。

其实,如果宋军分道而前,忽然袭击完颜娄室之军,战胜的可能性也很大。但是,张浚书生,却说:"夫战者必投战书,约日会战。"于是派人乘马驰奔金营送战书,金人没有回应。

张浚更加恼怒,张榜四地,公开悬赏:"有能生擒完颜娄室者,即使是平头百姓也立授节度使,赏银绢各万。"

金朝统帅完颜娄室闻言一笑,也派人到处张榜:"有能活捉张浚者,赏驴一头,布一匹。"

宋军和金军对垒之后,完颜娄室登高瞭望宋军营帐,笑语:"千疮万孔,极易破耳!"

此时,张浚又下战书约战,金人佯装答应,但至期不出兵。至此,张浚等宋朝军将更加骄傲,以为金军人少心怯。

岂料,完颜娄室百战统帅,审时度势后,突然引兵骤击,命人集土壤于沼泽之中铺成一条路,金军很快就逼近宋军诸营。宋将刘锜勇猛,率军士搏击,杀获颇多,宋金双方军队一时胶着,胜负未分。

关键时刻,金人派出一队铁骑,直荡入赵哲一军,宋军其余各部不及支援,赵哲所率宋军败绩。一时之间,宋军惊遁,诸将皆溃。四十万宋朝大军,乌合之势毕现,被各个击破。金军乘胜而进,关陕地区几乎全部失陷。

本在邠州督战的张浚闻败急忙退保秦州,召宋将赵哲斩之,又逮捕主帅刘锡,把他流放合州。然后,张浚自己"上书待罪"。此时的张浚,狼狈非常,身边只有千余名亲兵随从。

绍兴元年(公元1131年)四月,金军又迫福津、同谷等地,直逼兴州。无奈之余,张浚退保阆州。七月,张浚以吴玠为陕西诸路都统制。但吴玠这个陕西各路"总司令",大抵是个空名而已,因为关陕绝大部分都陷于金军之手。

九月,张浚竟然杀掉了前威武大将军曲端。

本来,四十万大军败绩,张浚记起曲端先前所言,很感后悔,便召曲端于阆州,准备重新起用他。吴玠深恨这位曲端旧上司,暗劝张浚说:"曲端再起,肯定对您不利!"并在手心上写"曲端谋反"四字以示张浚。从前被曲端囚禁,甚至差点被杀的一个叫王庶的将领,也上告说,曲端曾题诗于柱:"不向关中兴事业,却来江上泛渔舟。"显然,曲端这是讽刺当今圣上(高宗皇帝)。王庶又对张浚说:"富平之战,您与曲端有胜负之约,今日您有何面目复用此人!"

经诸人一劝,张浚本来就气量狭隘,又恐曲端日后立功升官后重提先前自己的败绩,杀心顿起。与诸将商议后,便派人把曲端逮捕入狱,并任命一名叫康随的武将主审此案。

这位康随原是曲端下属，曾因获罪被曲端抽过一顿鞭子，心中恨曲端入骨。他作为主审，曲端自然难逃一死。

曲端在狱中，听说康随被委任为主审官，马上叹言："我肯定得死！"又"呼天者数声"，还大呼"铁象可惜"。铁象是曲端的坐骑名，这匹名马能日驰四百里。

康随入牢室之后，根本不审什么"案件"，他直接派狱卒用铁笼把曲端装起来，锁住手足，又以绵纸封糊曲端的口鼻，然后，下令在四周堆起炭火，烤灼这位大将。最终被残酷折磨致死，时年四十一岁。

得知曲端死讯，陕西士大夫莫不叹息。由此，西北军民心中怅怅，一时间叛走之人不少。

曲端性格刚愎，恃才凌物，但他曾多次击败金兵，是金军闻风丧胆的人物。最终，他没有战死沙场，却冤死于自己人的"窝里斗"中。

先前，金军在富平与宋军交战时，张浚手下的宋军还假装打着曲端军队的旗帜。可是，当时金军统帅完颜娄室已知曲端根本不在军中，抚掌大笑："哈哈，你们现在还以曲端大名吓我！"于是完颜娄室挥师奋击，把宋军打得一塌糊涂。如果曲端当时真的在战场，两军胜负还真不好说。

江南的高宗朝廷知悉关陕败讯，又疑张浚无辜擅杀赵哲、曲端两员大将，便把他召回杭州。此时，张浚的老对头辛炳任御史中丞，便与人联名上疏，弹劾张浚"丧师失地，跋扈不臣"，于是，宋廷下诏，把张浚贬往福州安置。

张浚确实是一个忠义文臣，但将略不远，心胸褊狭。关陕之失，曲端之死，皆由他而起。当然，张浚的政治生命至此还远远不到结束之时，日后他又入朝为相，好事坏事都干了不少，此是后话。

金军在富平大胜后，把宋朝的关陇六路之地尽数侵夺，乘胜而进，进逼和尚原（今陕西宝鸡西南）。此时，宋将吴玠率军守卫这个由关陕入汉中的重要据点。

7. 吴玠、吴璘力保蜀川不失

宋将吴玠率军守卫和尚原。他在西线连续开打了和尚原、饶风关（今陕西石泉西）、仙人关三次大战，最终使川蜀之地不失，保全了南宋偏安东南，尚能维持半壁河山。

吴玠，字晋卿，他作为军将子弟，在青年时代就在宋朝的泾原军为小校，在对西夏战争中冲锋陷阵，屡立战功。后来，讨方腊，平河北内乱，宋军中皆有吴玠的身影。靖康之变后，吴玠在关陇一带屡与金军交锋。

张浚富平之战大败后，吴玠受命，退保和尚原。毕竟是老兵出身，吴玠打仗很有一套，他积粟缮兵，列栅数重，准备死守计。这时候,有人劝说吴玠应退保汉中以扼蜀地入口,吴玠慨言道:"如果我率军力保此地不失,金贼绝不敢越我而进,我驻守此地,正为最终保全整个蜀地!"

这时候,吴玠、吴璘兄弟手下仅有散兵数千人,依旧坚持抗金。其间,有人密谋,想劫持吴氏兄弟投降金军。吴玠知道消息后,召诸将歃血为盟,以忠义激感众人,将士皆感泣。附近的凤翔民众不顾金人淫虐之威,常常偷运粮食给宋军,吴玠偿以银帛,严守纪律。先前宋朝沦陷区人民,感念吴玠忠义,给予宋军巨大支持。

宋高宗绍兴元年(公元1131年)十一月,金将没立出凤翔,乌鲁折合出散关,相约于和尚原合军,乘胜入蜀。乌鲁折合一军先至,在北山立阵,向吴玠索战。吴玠命诸将严阵以待,一队一队连番出击,更战迭休,大败乌鲁折合所部金军。

金将没立苦攻箭筈关不下,忽然又被得胜的吴玠派宋军进击,不支败走。最终,两部金军合攻和尚原的企图落空。

金军自从兴兵反辽,一直连战连捷,很少品尝失败的味道。他们被吴玠击退后,愤怒异常。于是,兀朮(当时金大将完颜娄室已病死)大约诸军,合兵十余万,在渭河造浮桥,在宝鸡结立连珠营,垒石为城,夹涧与宋军相拒,逼近和尚原。这时候,各部金军都铁下心要消灭吴玠兄弟所率的宋军。

对此，吴玠早有准备，命手下诸将选精锐士卒持劲弓强弩，分番迭射。箭如雨下，金兵不支，稍稍后却。忽然之间，旁边又冲出吴玠早先布置好的奇兵，打得金军心神皆乱。很快，宋兵袭取金兵粮道，金军的给养又被切断。

战至此时，吴玠算定金军无粮必然撤退，于是又在神坌设伏，邀击败走的金军，金军大乱。好不容易熬到天黑，吴玠又纵兵夜击，四处杀至，金军统帅兀术身中两箭，为免被宋兵认出围攻，他慌乱中以刀割掉须髯，狼狈狂逃，才留得一条性命。

和尚原一战，吴玠军大胜。

兀术败后，自河东地区窜归燕山。此后，金国就以撒离喝为陕西经略使，屯军凤翔，与吴玠的宋军相持。

宋高宗绍兴二年春（公元 1132 年），金军又发动战役准备侵蜀。当时，吴玠在河池（今甘肃徽县）主持军务。金人派遣宋朝降将李彦琪进驻秦州，出兵仙人关牵制吴玠；又遣游骑不时出熙河，牵制宋将关师古。

撒离喝本人自率主力金军，直捣上津，攻取金州（今陕西安康）后，直趋洋州、汉州而来。兴元留守的宋朝主将刘子羽虽然是文人出身，但有勇有谋，一直力主抗金，他立刻命手下将领田晟守饶风关，同时派人驰召吴玠入援。

吴玠自河池，日夜疾驰三百里，终于抵达饶风关。到达之后,他派人以自己的名义给金军送去几大筐柑橘,示以书信:"大军远来,聊以止渴!今日决战,各忠所事!"

金将撒离喝看到吴玠的书信大惊,吓得以杖击地:"吴玠怎能这么快就到!"急怒交集,他指挥金军猛攻饶风关。

金军百战之余,身披重铠,登上仰攻。一人先登则二人拥后,先者既死,后者代攻。

此时的吴玠不敢怠慢,他亲自上阵指挥。宋军弓弩齐发的同时,又推巨石滚下山坡,把无数金兵压成肉酱。如是者奋战六昼夜,死者山积,敌人依旧不退。

眼见金军如此不惮死地继续冲撞,吴玠招募敢死队,允诺每人发银千两,准备夹攻金军。不料,宋军有小校犯军法,因惧生变,溜下山坡投奔金军,把宋军部署全部透露给金人,并充当向导,率金军从小路攀缘而上,突出饶风关之背,乘高而下,猛扑下来。

本来宋军人数少,乘高凭险,屡挫金军。忽然之间,金军自天而降,宋军诸军不支,大溃,饶风关失守。

吴玠边打边撤,退保西县。金军乘势攻入兴元,宋将刘子羽退保三泉,在潭毒山筑垒准备抗御金军。不久,吴玠引兵来会,两部宋军稍得喘息。

不久,金军见占不到什么大便宜,撤军北归。吴玠闻知,立刻派兵于武休关邀击回军的金兵,并率领宋军掩击金军后军。由于事出突然,金军没有防备,坠涧死者以千计,尽弃辎重逃走。

所以,饶风关一役,金人得不偿失,人马辎重损失惨重,最后的结果仍算是败绩。

消息传来,宋高宗赵构也是非常高兴,马上下诏进吴玠为检校少保,充利州路,阶州、成州、凤州制置使。

绍兴四年(公元1134年)三月,兀朮又自统大部金军来攻,揭开了仙人关大战的序幕。

先前,吴璘坚守和尚原,后勤补给十分困难。审时度势,吴玠认为和尚原距蜀地太远,便下令吴璘弃守,撤至仙人关(今甘肃徽县东南),以阻止金兵由凤翔入蜀。吴璘所部在仙人关右侧筑堡垒"杀金坪",移和尚原原班人马拒守。

兀朮此次前来,仍统十余万大兵,金将撒离喝和伪齐刘豫的心腹大将刘夔助战。

吴璘率领轻兵自铁山凿崖开道,循岭东下。而后,吴玠以一万宋军当先,在"杀金坪"与金军进行殊死战。吴璘率轻兵由七方关倍道兼程,火速前行,与金兵苦战七昼夜,始得与兄长吴玠会合。

行前,吴璘致书兄长,叮嘱说"杀金坪"之地平阔,应增设第二道防线,"示必死战,然后可以必胜"。

吴玠一一施行。战前,他拔刀捅地,对手下诸将说:"死则死此,退者必斩!"

金军到达之后,首先猛攻吴玠大营,被宋军击退。金人以云梯攻宋军壁垒,宋将杨政派军士以撞竿击碎云梯,从壁垒上伸出长矛,把坠下的金兵一一捅穿在地。金军见一路猛攻不克,便分为二军,兀术在东,金将韩常在西,列为二阵。吴玠的弟弟吴璘勇锐,自率锐卒,左萦右绕,随机而发。双方格斗数个时辰,吴璘一军疲惫至极,稍稍后撤,正好进入事先修筑的第二道防隘。

此时,兀术派出金军的生力军,人被重铠,铁钩相连,鱼贯而上。可见,不仅在平地上使"铁拐马",兀术攻城也使"铁拐人"。

但是,兀术此计在此不太好使,宋军早已安排好的"驻队矢"万箭齐发,矢如雨下,射透重铠,杀得金军死者层积。甭说,那些金军真不畏死,仍旧践尸而上,冲杀不止,但最终都被更加顽强的宋军杀退。

金将撒离喝这时候忧愁至极,骑马四处转悠半天,心中一计忽生,决定集重兵攻宋军营垒的西北楼,准备撕开一个缺口,一拥而进。

转天,酒足饭饱,金军敢死队齐集,猛攻西北楼。宋将姚仲负责这一段防务,他登楼酣战,不屈不挠。不久,金人纵火,准备烧毁西北楼,宋军早有准备,即刻抛掷装满水的酒缸，把火扑灭，双方猛烈交战。

入夜，吴玠派遣宋将田晟率兵手持长刀巨斧，突出营垒，左右狂击，不少金兵被连人带甲截成两半。此时，看到宋军明炬四山，震鼓动地。金军的意志力开始动摇。

转天天刚亮，宋兵全部呐喊大出。宋军军将王喜、王武率敢死队，各执紫旗、白旗，分二队冲入金营，逢人就斩，到处乱击，金军阵乱。混战之中，金军大将韩常左眼中箭，被射落于马下。金兵拼死相救，韩常才拾得半条命。至此，金军败象凸显，困兽犹斗。傍晚，心惊胆战的金军开始大规模逃遁，四处散跑。

得知金军败退，吴玠忙遣宋将在横山寨和河池等地进攻、设伏，又杀掉败逃的金军一大批。不久，宋军收复凤、秦、陇三州之地。

其实，这次金军大部队到来之前，自元帅以下，都携家眷而来，他们都以为必定能攻克宋朝先前所占的蜀地，准备长驻温柔乡。不料，仙人关大败，金军终于死心，还退凤翔，授甲士田，再不敢轻举妄动攻打蜀地。

捷报上传，宋高宗君臣大喜，宋廷立授吴玠奉宁保定军节度使，拜检校少师，吴璘也升任定国军承宣使。

此后，吴玠与金人对垒十年，屡汰冗员，御下严而有恩，所以，他在蜀地一直非常受尊敬。而如此大将，到了晚年嗜饮成癖，在成都还渔色不已，特别喜欢吃方士们推荐的大力丸什么的，最后竟因滥吃春药致命，于绍兴九年（公元1139年）暴死，年仅四十七岁。

吴玠死后，其弟吴璘接任川陕防务，驻守近三十年。吴璘在宋朝乾道三年（公元1167年）病逝，时年六十六岁。吴璘临终草遗表上皇帝："愿陛下毋弃四川，毋轻出兵。"可见，吴氏兄弟对宋朝可谓鞠躬尽瘁，死而后已。

8. 傀儡刘豫建伪齐

先前金军两次攻开封，都是来去匆匆。即使是靖康二年（公元1127年）把北宋皇族连锅端，他们也未有久驻中原之意。仓促撤离之前，他们推立张邦昌建伪楚，连监视"居住"的金人头领都未留下一个（本来想留金将"监军"，张邦昌表示，万一留下的金国大爷水土不服什么的感染疫病"过去"了，担当不起）。当时的金国将帅都满载而归，回老家享受胜利果实去了。

金国自从崛起之后，灭辽破宋，过程之快，成果之大，金人自己都没有心理准备，似乎当时还未想过要直接统治中原大地。

高宗建炎四年（公元1130年），对于南宋而言，既是

第三章 南宋初立

个多事之秋,又是喜忧参半的一年。这年三月,兀朮南侵不成,默然回师;八月,刘豫被金人扶为傀儡,成为"大齐"皇帝;十月,宋军富平大败,丢失关陕要地;年底,秦桧被金人放回(他自己说是偷跑回来的),"和议"之声有了动静。

推立刘豫之举,显示出金国上下已经定下心神,先推出一个"代理人",仔细考虑日后如何经营中原,并寻找机会最终消灭赵构的残宋势力。同时,也表明金朝从一举灭宋的狂热中冷静了下来,知道擒取宋高宗赵构非一朝一夕之事。

刘豫,字彦游,景州阜城人(今属河北)。宋朝社会开明,普通百姓也是有机会上升的。刘豫可能连一般的庶族地主都不是,数代皆是地里刨食的农民,正是因为穷小伙子有出息,想出人头地,撅着屁股苦读,竟也一朝中榜,能进入京城为官。刘豫贫寒出身,又有极强烈的虚荣心。此人年轻时候无行,曾经盗取同学财物。

刘豫青少年时代有过对同学伸出三只手的事情,中举后竟然风传到徽宗皇帝耳朵里。政和年间,刘豫被提拔为殿中侍御史,有人举出这件陈年旧事攻击他,但徽宗皇帝"不欲发其宿丑",确实对刘豫很不错。

刘豫入朝后,开始还很卖力,屡次上表反复弹奏"礼制局事",惹得徽宗皇帝心烦,怒道:"刘豫河北种田汉,安识礼制？"未几，黜其为两浙察访使。宣和六年（公元1124年），刘豫判国子监，除河北提刑。赶上金人南侵，已经在官场浸淫许久的刘豫深悉保命之道，弃官逃往仪征避难。

高宗赵构即位后，有诏任其为济南知府，刘豫得悉山东群雄并起，不愿前去，上表"请易东南一郡"。由此，惹起黄潜善等人反感，凭空给你一个官你还挑肥拣瘦，黄潜善等人立马以宋高宗名义，严诏令他马上赴任。刘豫没办法，愤愤上任。

刘豫到任不久，金兵大军攻济南。开始，刘豫还遣其子刘麟出战，金人不得手而撤退。很快，金人派人与刘豫暗中交通，许以高官厚禄。此时，刘豫恨朝廷不给他换地方做官，就想乘机反叛。于是，他忽然杀掉手下抗金的骁勇将军关胜，准备率济南百姓投降金军。当地的老百姓虽然学历见识不如刘豫高，但民族气节却比这个穷孩子出身的知府高出很多，愤怒不从。

惊恐之下，刘豫竟然冒险缒城，主动向金军纳款投降。

看到刘豫投降，金军大将挞懒很高兴，任命刘豫为东平府知府，以其子刘麟知济南府。此后，金太宗遣完颜宗翰率大军南征追击高宗赵构，临行晓谕刘豫："宋平之后，当援立藩辅如张邦昌者。"

兀朮北还后，当时金朝大臣廷议，有人认为应立刘豫，

第三章 南宋初立

有人认为应立折可求（另一个宋朝降将）。

刘豫闻讯，忙向金朝大将挞懒奉上无数车金宝玉玩，请他帮忙立自己为帝。挞懒收了东西，自然允诺，向他的上司完颜宗翰"推荐"刘豫。当时，完颜宗翰没有立即答应，他对刘豫这个人不熟悉，表示要"考察考察"再说。

完颜宗翰手下的汉人通事（翻译）高庆裔收过刘豫不少好东西，趁机撺掇完颜宗翰："我们大金举兵，目的只在夺取两河之地，所以当初攻克汴京便推立张邦昌为帝。现今，治理河南州郡确实不易，不如推出个宋人直接以宋治宋，元帅您应早拿主意，免得恩归他人。"

高庆裔言外之意，就是告诉完颜宗翰，如果兀朮等人建议立折可求或别的什么人，新立的"伪帝"很可能就会感激兀朮等荐立者。

这番话管用，完颜宗翰马上走个形式，遣使入张邦昌所管地界，"咨军民所宜立者"。使臣话音未落，众人还没来得及商议，刘豫、完颜宗翰早已安排好的"演员"——当地人张浹就突然高声咋呼："刘豫宜立！"

于是，一道一道报至金国"中央"，很快批复刘豫为"大齐"皇帝，要求他"世修子礼，奉金正朔"，成为不折不扣的"儿皇帝"。

刘豫与金太宗年纪其实差不多，不过，既然为人所立，就只能当"儿子"了。

刘豫"即位",先以大名府为都城,以其子刘麟为"提领诸路兵马",改元"阜昌"。

得知消息之后,南宋朝廷反应还算及时到位,对于刘豫所委任的伪朝官员在东南的家属,不仅不逮捕杀头,反而"厚加抚恤"。

绍兴元年(公元1131年)底,金人对刘豫挺放心,以陕西地划归刘豫,于是中原之地,都属于刘豫掌管。

转年夏天,刘豫正式迁都于汴京,并迁其祖考牌位于原来的北宋太庙。当天,暴风卷旗,屋瓦皆振。气候如此不正常,已经让汴京民众产生了面前的这位"龙"是"假龙"的感觉。

刘豫当了皇帝之后,在集市"微服"私访,看见兵士有人在买卖一套制造奇巧的玉碗,他知道这东西不是民间物品,忙让手下把士兵抓起来审讯。果然,这套玉碗是兵士盗挖北宋皇陵而得。

这次经历,可提醒了刘豫,他并未对盗掘皇陵的士兵治罪,反而置设"淘沙官",命他的儿子率人带家伙,遍掘北宋诸陵。显然,这个傀儡皇帝善于从地里刨东西。

此外,由于内养军兵,外供金国,刘豫的伪齐政权赋敛繁苛,中原当地老百姓苦不堪言,绝对是民不聊生。

宋高宗绍兴三年（公元1133年）初，宋将李横率先向伪齐进攻，收复颍昌府（今河南许昌），连战连捷，直逼汴京。得知消息之后，金朝忙遣兀术来援，刘豫派盗贼出身的李成率两万兵逆战，最终宋将李横败绩。

由于李横本人不是宋朝"正牌军"出身，当时的宋朝大将韩世忠、刘光世等人皆按兵不救，李横一路败走，不仅颍昌复陷，他原来的根据地襄阳也被伪齐攻占。

此时的伪齐，一时拥据上流。如果乘势而进，攻蜀克吴，似乎一朝可行。幸亏当时岳飞出兵，指挥宋军直趋襄汉，收复了李横的失地，从伪齐手中夺回六郡。正因如此，时年三十出头的岳飞被朝廷授为清远军节度使，成为一方大将。

虽取得胜利，宋高宗赵构却怕激怒金人，下诏严禁宋军"侵齐"。

宋不侵齐，齐却侵宋。绍兴四年（公元1134年）夏，刘豫手下的伪齐军击败宋朝的熙河路总管关师古，不仅生擒这位关爷，又把洮州、岷州收为己有。同年十月，刘豫派遣其子刘麟为先锋，率金军大举南侵。

金齐联军渡淮后，遭到韩世忠的猛烈打击。大仪镇（今江苏扬州附近）一役，金军大败。建炎以来，这是宋军首场主动迎敌取得的痛歼战。不久，淮西的金军又败于岳飞所部宋军，金军处境大为不妙。

赶巧的是，此时恰逢金太宗病危消息传来，金军统帅兀术和挞懒心慌意乱，赶忙率军回撤。由此一来，伪齐军队失去金国"亲爹"的帮手，自然跟着也后撤。

韩世忠取胜之前，宋高宗赵构朝廷因害怕金人，一直把刘豫的伪齐当作平等邦交国对待，称对方为"大齐"。直到现在，南宋朝廷才下诏，暴扬刘豫罪逆。

为了证明"大齐"存在的价值，刘豫顾不上从"亲爹"金人处取得支援，四处征兵，集三十万军队，在绍兴六年（公元1136年）十一月，三路并进，大举南侵。

兵发之后，他又遣使向金国乞援。得到报告之后，新继位的金熙宗完颜亶召大臣议事，金太宗长子完颜宗磐表示："先帝（金太宗）立刘豫，原本之意，是让他保疆开境，使我大金安民息兵，取得休养的机会。现在，刘豫进不能取，退不能守，兵连祸结，没有止期。如果从其所请发兵相助，战胜则刘豫收其利，战败则我大金国受其弊。先前我军相助刘豫，已经败于江淮，为何还要冒险呢？"

由此，金熙宗便决定不从刘豫所请，仅仅派出兀术提兵黎阳，而后停止不前，坐观宋齐相斗。

高宗赵构闻伪齐三十万大军来侵，又要逃跑，最终被大臣赵鼎劝住。可喜的是，南宋诸将用命，特别是宋将杨沂中在藕塘（今安徽定远东南）之战大败刘豫的侄子刘猊所率一军,伪齐诸军破胆,纷纷拔寨而去,刘豫拼老本的最大规模南侵,至此完全失败。

刘豫不仅攻宋失败,他的宗主国金朝皇帝,也开始想废掉刘豫这个草包。

9. 刘豫被废成囚徒

刘豫被废掉,其实也是金朝内部政治斗争的结果。刘豫当初得立,是靠完颜宗翰和高庆裔二人的鼎力相助,所以刘豫特别孝敬这二人,金银珠宝美女无停歇,时时上供,使得兀术及其他金将又眼红又生气。

当时的金国皇帝金熙宗是金太祖的嫡孙。金国初期,皇位是兄终弟及。金太祖死后,其弟金太宗完颜晟即位。本来,下一个当皇帝的应该是金太宗弟弟完颜杲(完颜斜也),但此人短命,死在金太宗之前。金太宗虽有儿子,但完颜宗翰、完颜宗幹以及完颜希尹等宗室老臣强烈建议立完颜亶为储君(谙班勃极烈),也就是后来的金熙宗。所以,金熙宗继位后,有拥立之恩的完颜宗翰权力最大,凡事大都由他说了算。

金熙宗此人并非庸主,他借改制之机,把完颜宗翰调回京城任太保这样的高级荣衔,从而卸掉他实际的军事指挥权,又任命完颜宗幹为太傅,完颜宗磐为太师,让这三人互相牵制。

公元 1137 年（即刘豫三路南侵失败的转年），金熙宗在宗磐一派支持下，先拿完颜宗翰手下得力助手高庆裔开刀，以贪赃罪把他杀掉。完颜宗翰很喜爱这个哥们儿，当时还哀求愿以自己官职赎高庆裔死罪，"朝廷"不许。很快，完颜宗翰自己也被逮捕，被政敌在狱中杀掉。《金史》中没有明载完颜宗翰死因，只是模糊记述"乞致仕，诏不许。天会十四年薨，年五十八。追封周宋国王"。可见，金熙宗对他并非光明正大地公开加以诛杀。

金国先前破辽灭北宋的最得力鹰犬完颜宗翰，最终竟然死于自己人之手，在黑臭潮湿的囚室里痛苦了结生命，也真是常人不能料及。

完颜宗翰一死，刘豫的最大靠山倒了，帝位自然岌岌可危。此外，这期间岳飞使反间计，派遣间谍持蜡书送刘豫，相约同诛兀朮。这封"密信"为兀朮截得，大惊，马上派人报告给金熙宗。

当然，兀朮的"大惊"，也是假惊，他肯定不会愚蠢到因岳飞一封信就要废掉"同盟国"皇帝的地步。正是先前眼红刘豫大批大批金宝美女猛送完颜宗翰，正是因为刘豫是他的政敌完颜宗翰所立，所以他早就有废刘豫之心。于是，金国诈称起兵南侵追击高宗赵构，遣兀朮和挞懒前往汴京，找机

第三章　南宋初立

会擒拿刘豫。

到达汴京后,兀朮不敢轻举妄动,先以议事为名,召刘豫的儿子刘麟出城。刘麟当然不疑有诈,上国元帅招呼,哪敢怠慢,他立马带二百人趋往。刚刚进营门,这位伪齐的太子即被金兵逮住。于是,金军大军起行,直奔汴京。守门的伪齐军不敢阻拦,乖乖让金军入城。

当时刘豫正在讲武殿射箭消遣,兀朮率两骑驰入,惊愕之间,他已被兀朮手下卫士执住。金兵露刃亮刀,夹之而行,把他关押在金明池。

第二天,兀朮召集百官宣金熙宗诏令,严词责备刘豫,同时派出数千铁骑兵围伪齐皇帝的宫门,派军校在大街小巷巡逻,对外扬言说:"从今起,我们大金再不签发你们当兵,也不收取你们的入伍免行钱,还会替你们击杀欺负你们的恶人,最后请你们的宋国旧主少帝来此地。"由此,汴京百姓人心稍定。而后,金熙宗又下诏,对伪齐的高官都有所安排,任命伪丞相张昂为孟州知州,李邺知代州,至于刘豫手下的李成、孔彦舟、郦琼、关师古等人,也各为一州长官。同时,金国在汴梁设行台尚书省,任命张孝纯代理行台左丞相(张孝纯在靖康年曾为宋朝死守太原,后城破被俘,降金,又入伪齐为官,未能成为宋朝"孝纯"之臣)。以女真人胡沙虎为汴京留守,遣散伪齐宫人出宫。废掉刘豫之后,金人从他的宫内搜得黄金一百二十余万两、银一千六百余万两、大米九十余万斛、绢二百七十万匹、钱九千八百七十余万缗，其余物资无算。

过了八年皇帝瘾，刘豫这个"皇帝"被金人废为"蜀王"，迁到临潢府（今内蒙古巴林左旗东南波罗城）软禁，苟延残喘，又活了九年才死。

刘豫刚被逮捕之后，被拘于上林苑，还向看守他的金将挞懒哀乞："我父子没有任何事情辜负大金，还希望元帅哀怜我们！"

挞懒好气又好笑，指着刘豫脑门数落他："刘蜀王，刘蜀王，你还不知罪过！赵氏少主出京时（指宋钦宗），汴京百姓燃顶炼首，持香拜送，号泣声远达数十里。你看，我们今日废了你，京城内无一人为你忧愁。如此为人，还不知自己罪过吗？"

这个挞懒当初在援立刘豫时起过重要作用，刘豫也曾孝敬过挞懒无数财宝金银。但是，天会九年（公元1131年），挞懒在泰州缩头湖被宋军大败，北归途中路过东平，当时已经是"大齐皇帝"的刘豫就没有出城与之见面，而是遣使对挞懒说："现在我已经称帝为尊，即使见面，再难行拜见之礼。"

刘豫当时之所以如此傲慢，是因为他已经牢牢抱住了完颜宗翰的粗腿，不必再向挞懒装孙子。见刘豫如此势利，挞懒恨恨而去。到如今，挞懒终于找到报复的机会，自然幸灾乐祸，落井下石。

这个刘豫当傀儡皇帝八年，坏事做尽。为了维持他的伪齐统治，他在统治区域内施行什一税法。刘豫伪政权还巧立名目，各种杂税多如牛毛，他所统治的四境内之民，无论男女老幼，几乎无日不纳税。

更缺德的是，刘豫对辖境内北宋皇陵和各种坟墓疯狂盗掘。宋代帝王深知前朝唐代的"关中十八陵"全部被洗劫殆尽，所以从宋太祖、宋太宗时期就开始提倡薄葬，不再要求死后在陵墓内埋葬像唐朝皇帝那么多的金银财宝。当然，即使北宋皇帝提倡"薄葬"，也只是相对于唐代而言。北宋皇陵的修建，也是每每召集全天下的能工巧匠，精心设计建造而成。据史料记载，修建宋仁宗永昭陵时，宋朝政府就耗银五十万两，钱一百五十万贯，丝绢二百五十万匹。而在修建宋哲宗的永泰陵时，也是大费周章，耗银无数。所以，当时北宋的"巩义八陵"也是巍峨壮丽，一点都不亚于汴京的皇宫殿宇。

如此精美的北宋巩义皇陵，在刘豫统治下，八年之间基本被盗掘一空，地面建筑也被焚毁殆尽。早在金兵第一次攻伐宋朝的时候，金兵就占领过巩义皇陵，当时的金军统帅完颜宗翰还不敢公然盗掘皇陵，并且还准备了祭品祭奠永定陵和永昭陵。等到金军俘虏了徽钦二帝，完颜宗翰立刻下令盗掘北宋皇陵。当时，金军不仅洗劫皇陵地面上的建筑，把陵庙和献殿中的珠宝玉器和金银器皿全部劫走，还捣毁宋哲宗赵煦永泰陵地宫的墓门，将皇陵中的殉葬品洗劫一空。洗劫完地宫内的陪葬品后，金兵还把宋哲宗赵煦的尸骨从棺材中拖出来抛在荒野。其间，岳飞曾经率领军队短暂收复过河南境内一些地区，派人修复过陵园，但这些地方不久再度被金兵占领，而后就处于金国的傀儡皇帝刘豫统治之下。

金兵撤出之后，刘豫对于先前完颜宗翰盗墓获取暴利的行为铭记在心，他的儿子刘麟接着也有样学样，任命手下专门司掌盗墓的官员为"淘沙官"，还派刘从善出任"河南淘沙官"，专门率领军人去盗掘洛阳、巩义一带的皇陵以及民间墓葬；同时，刘豫派属下心腹谷俊出任"汴京淘沙官"，专门负责盗掘汴梁附近的墓葬。虽然刘豫设置的"淘沙官"比起三国时期曹操设置的"发丘中郎将"和"摸金校尉"这些官职听上去显得更模糊，但干起挖坟盗墓的事情来一点都不含糊。

在刘豫亲自指挥下，中原地区的帝王陵墓和民间富民百姓的坟墓，几乎无一幸免。刘豫和他手下盗墓的手法还非常独特，非常专业。对于皇陵或是比较大的墓葬，他们有着不同的盗墓手法。比如，如果是盗取北宋皇帝和贵族的陵墓和大墓，刘豫会让人从陵墓的侧面打盗洞，而后派盗墓人顺洞爬到墓中盗取陪葬品；对于一般的百姓墓葬，这些盗墓贼就铲平墓葬上面的封土直接向下挖，把墓顶完全揭开，直接掠取陪葬品。在刘豫"淘沙官"的指挥下，他们每盗掘一处坟墓后，都会放大火把墓葬烧成白地，以免留下罪证。所以，刘豫手下那些盗墓贼"淘沙官"所到之处，都是焦土一片，盗挖出来的尸体骸骨也被到处丢弃。相比金国军队的所作所为，刘豫干得更绝，基本盗尽了北宋"巩义八陵"和洛阳、巩义、汴京附近大小的陵墓，由此也敛集了大量的金银财宝。在把一部分宝物献给金人的同时，他也利用这些金钱来扩充伪齐军队，镇压抗金力量。

可见，刘豫身为北宋人臣，投降了金人不说，竟然还深刨了北宋皇室的祖坟，完全是个龌龊小人。

在金国废掉刘豫伪政权之后，金宋对峙，已成定局。

宋高宗绍兴年间宋朝诸将之所以成功，正在于南宋朝廷利用了大江、黄河南北招降的各种武装力量。这些武装力量在走刘豫、败金军、定苗刘之乱中，皆立下汗马功劳。这群人战斗力极强。如果南宋朝廷以江南宋朝昔日的"厢军"迎战，恐怕是肥羊投饿虎，宋朝早就完蛋了。

当然，南宋尚可偏安，也要归功于南宋大将韩世忠、岳飞等将领统驭有方，一败再败三败之，打败或收服了各地武装，甘为其用。如无这些忠勇将士，高宗赵构运气再好，也许都只能去五国城与父兄"团聚"。

第四章

南渡君臣自毁长城

1. 淮西军叛逃伪齐

> 黄河远上接星河，高掀银浪下苍波。天风吹尘寒四极，鬼母一笑驱千魇。壮士鸣咽拔剑起，战场夜哭闻新鬼。风雨腥寒雪未昏，射狼噬逐狐狸死。君不见锦帐红烛照美人，帝城歌舞春色新。　列筵长侍君王笑，燕姬越女争娇鬟。又不见、野殍纵横余断骨，将军未老征夫殁。琼楼只乞梦温柔，哪知苍生涕泪竭。於戏！独来彷徨叩九阍，四海八荒断新魂。何年一泻龙门水，涤荡中原万千里。

这首《黄河篇》，雄豪英发，有太白不羁飘洒诗风，绝无婉约低回儿女之态，实为上佳之诗文。

而这首诗的作者，是袁世凯的二儿子袁克文。全诗意境，如果用来形容南宋绍兴六年（公元1136年）及其后发生的诸事，最为贴切不过——忠臣良将，谋不见用，身死家败；独夫国贼，一心偏安，安享福荣。

那么，南渡之后，喘息已定，宋高宗君臣又是如何行事的呢？

南宋的大英雄岳飞，本来是军中小校出身，从军以来，屡立战功。绍兴六年（公元1136年），宋朝大臣张浚视师江上，考察各部军队后，向高宗上奏，"独称韩世忠与岳飞可倚大事。"于是朝廷诏命岳飞屯襄阳，除宣徽副使，移军京西。

当时，岳飞不负众望，攻虢州，克蔡州，下唐州，打得伪齐闻风丧胆。高兴之余，高宗赵构亲召岳飞入见，拜为太尉，升任宣抚使，把王德、郦琼二将调给岳飞指挥，并下诏给王、郦二将："听（岳）飞号令，如朕亲临。"这段时间，是岳飞与高宗君臣的"蜜月期"。

岳飞忠义，多次上疏大论恢复之略，见解非常中肯："金人所以立刘豫于河南，盖欲荼毒中原，以中国攻中国，粘罕因得休兵观衅。臣欲陛下假臣月日，便则提兵趋京、洛，据河阳、陕府、潼关，以号召五路叛将。叛将既还，遣王师前进，彼必弃汴而走河北，京畿、陕右可以尽复。然后分兵浚、滑，经略两河，如此则刘豫成擒，金人可灭，社稷长久之计，实在此举。"（《宋史》卷三六五）

一席话，讲得高宗赵构眉开眼笑，表示："有臣如此，顾复何忧！进止之机，朕不中制。"

高宗一日数见岳飞，并召至寝殿，对岳飞说掏心窝子的话："中兴之事，一以委卿。"说了还不够，正好刘光世刚刚交出军权，高宗准备把"刘家军"交与岳飞统领。

如果"刘家军"这数万陕西精兵与"岳家军"合众，以岳飞为帅，可能中国历史就会改写。

但是，关键时刻，宋朝文人的私心又起作用，重新被起用为相的张浚马上从中作梗。

本来，刘光世交出兵权，正是高宗、张浚君臣"削兵权"的一个小成果。宋朝一直防止武将坐大，北宋灭亡后，张家军（张俊）、韩家军（韩世忠）、吴家军（吴玠兄弟）、岳家军（岳飞）等等趁势而起。

金人和老百姓叫着顺口，高宗赵构的朝廷却听着别扭，官军成为私家兵，是宋朝最不愿看到的。刘光世虽为骁勇悍将，但他本人及其属下多骄横不法，暴敛财物，民怨很大，朝廷议论纷纷。刘光世由于家中财宝太多，又怕朝廷"惦记"拿他下手，便主动交出兵权，离开淮西自己兵将所在的老窝，乞以"病休"。

高宗君臣很高兴，下诏赏他一大堆金银玉玩。而后，高宗赵构便想把淮西四五万刘家军交与岳飞统管。

诏令刚下，宋高宗朝中原本对立的"主战派"张浚与"主和派"秦桧忽然之间心照不宣，站到同一条线上，他们坚决反对岳飞接管淮西"刘家军"。

秦桧自不必言，他当然害怕主战的岳飞权大难制。"主战派"张浚反对岳飞接管淮西军的口实也堂而皇之：国家一直有"祖制"，严禁武将专权。岳飞统两军为一，势力大增，将来不好控驭。

其实，张浚的真正用意是想让自己手下人掌握这支军队，这样一来他本人就能拥有一支真正听命于自己的武装力量。

此时此刻，张浚、秦桧的意见还不足以使高宗赵构收回成命，正是岳飞先前自己所做的一件莽撞事儿，让高宗对他疑窦顿起——君臣二人密谈之际，岳飞竟忽然提醒赵构"早定皇储"，这句话正中高宗最忌的"隐痛"。如果高宗当时有儿子，岳飞的"提醒"当然是忠心之举，但赵构唯一的儿子赵旉已经在三岁时病死，他本人又因为逃跑受惊被吓得丧失了男性功能，所以，"继承人"问题自然成为皇帝赵构当时最大的"忌讳"。

岳飞身为武将，在不恰当的时机提出如此不恰当的"忠告"，使得赵构心中大为恼火。高宗当时就忍不住了，痛斥岳飞武将干政。话说出口，宋高宗也悔，危难关头，专倚武将，说话还不能太过分。

更糟糕的是，岳飞是武人，不会来事，被皇帝"痛斥"后，他不仅没有叩头谢罪，反而面露不悦之色。估计岳将军自恃心中无私，才有此表示。毕竟读书不多，手下又缺少懂得朝廷政治的文人参谋，所以岳飞才会触犯各朝各代皆为臣下唯恐避之不及的忌讳：议论皇储。

宋高宗考虑了半天，最后同意张浚、秦桧之说，收回成命，改派兵部尚书吕祉前往淮西节制"刘家军"，以刘光世原部将王德为都统制，以刘光世原部将郦琼为副都统制。

委任状都填好了，宋高宗还玩手段，不直说不让岳飞统领"刘家军"，而是让他去见张浚"议事"。

张浚见到岳飞，马上通知他，淮西军已分为六部，直隶都督府，即由张浚手下直管。为了让岳飞好下台阶，张浚还假意向岳飞"征求意见"："王德，一直为淮西军所服，我打算任其为都统制，郦琼为副都统制，再让吕祉以督府参谋身份统领全军。"

岳飞直言："王德与郦琼二人素来不相上下，一旦二人有了正副之分，必生争执。吕尚书不谙军旅之事，恐不足服众。"张浚闻言，低头沉思，又问："张俊、杨沂中如何？"

岳飞回答："张宣抚（张俊）是我先前的旧日统帅，为人残暴寡谋，郦琼等人特别憎恨他。杨沂中与王德相类似，也不能让全军上下心服口服。"

闻言，张浚老大不高兴，心想我给你面子，你还在这里表示异议。于是，他阴阳怪气地说："如此看来，淮西军统帅非您岳太尉不可了！"

岳飞闻言也不高兴，回嘴道："张都督您问我军事，我以实告,不敢不尽其愚,难道我是有私心想并统淮西军吗?"

至此,两人谈崩。当天,岳飞上表,以守母丧为名,步归庐山,以大将张宪暂摄军事。

岳飞此举,完全是意气用事,他不待朝廷报批,忽然撂挑子,实际上让高宗赵构对他再次心生隐恨。

张浚和岳飞闹掰之后,心中惭怒,奏称岳飞处心积虑,意在兼并其他将帅的兵众。此时,宋高宗赶忙和稀泥,他深知当时缺岳飞不得,诏催岳飞还职。大敌当前,竟然与皇上和宰执大臣叫板赌气,可见岳飞缺乏政治方面的深谋远虑。

吕祉把朝命向淮西军宣布后,自己返朝。王德、郦琼二人果然互相大告对方恶状,上蹿下跳地咬个两嘴毛。宋高宗无奈,下诏让王德还建康,派吕祉本人往庐州亲自节制淮西军。吕祉到后,郦琼还是不停地控告王德。吕祉文臣,也善于和稀泥,亲自劝慰郦琼及其亲将。

吕祉忙乎大半天,回到自己营帐,深觉郦琼等人难制,就立即书写密奏,要朝廷罢去郦琼兵权。不料,他帐中一个书吏恰好是郦琼安排的"钉子",立时把吕祉写密奏之事通告郦琼。郦琼赶忙派人纵马拦截吕祉派去朝廷送信的邮差,得到了吕祉的亲笔奏书,并宣示亲信众人,诸将怨怒。

很快,诸将听说朝廷已命杨沂中为淮西制置使,刘锜为

第四章　南渡君臣自毁长城

副使,召还郦琼等人赴行在,很可能要对他们的主将郦琼进行"处理"。事已至此,郦琼大惧,于是暗中和他手下众将谋叛。

转天清晨升帐,郦琼安排好手下兵将,忽然拿出袖中吕祉所写书奏,怒问:"诸官兵有何罪!"

吕祉看到郦琼翻脸,也是大惊,想逃已经来不及,只得束手就擒。郦琼本是草莽出身,胆子很大,做事刚决,他立马先令手下斩杀了中军统制张璟、兵马钤辖乔仲福等朝廷派来的军将,然后率领全军四万人,拥逼吕祉北去,渡淮水向伪齐皇帝刘豫投降。

吕祉虽是文臣,却很有气节,距淮水三十里处,他翻身从马上滚落在地,死活不再往前走。这位兵部尚书对郦琼喝道:"刘豫逆贼,我岂可见之!"郦琼亲兵逼吕祉上马,吕尚书大骂:"我死就死在这里,终不做叛逆之贼!"他高声对兵士喊:"刘豫乃朝廷逆臣,军中岂无英雄,而随郦琼降贼乎!""刘家军"虽跋扈,却一直为宋朝死拼。听吕祉这么一说,众人颇为感动,几千人环立不行。

郦琼当时心惊,生怕吕祉说动众军士再"哗变",最终自己反被杀掉,他忙向手下亲兵示意,自己猛击胯下马渡淮。郦琼的亲兵乱刀齐下,活活把兵部尚书吕祉砍死在当地。于是,南宋朝廷四万精锐劲旅,顿成刘豫手下伪军。

至此，张浚始悔不用岳飞之言。

高宗赵构闻讯，如丧肝胆。要知道，当时南宋"全国"之兵，也不到二十万人，四万川陕百战精兵，就这样一朝生变，一扭脸成了"敌军"。

2. 兀术发兵侵南宋

淮西军变后，高宗赵构对手握重兵大将的疑心，一日甚过一日。同时，他心中深恨出馊主意的张浚，不久就借故把他罢相，贬往偏僻之地，并表示："宁可亡国，也不再用此人。"

张浚罢相后，秦桧并未如愿以偿马上填空，宋高宗又用赵鼎为相。本来，张浚先前挤走赵鼎，而对秦桧的印象是"喜佞易制"，所以推荐秦桧为枢密使。至此，秦桧落井下石，在宋高宗面前不停贬低张浚，大肆讨好赵鼎。本来宋高宗是要把张浚、秦桧一起换掉，而赵鼎见秦桧这么巴结自己，就对宋高宗表示"秦桧不可令去"。这样一来，赵鼎实际上给自己培养了一个"掘墓人"。

一年以后，高宗、秦桧二人，一心与金国乞和，把赵鼎相位罢掉，赶出朝去。秦桧一人独登相位后，提拔自己的亲信为台谏官，弹劾任何敢于反对"和议"的大臣。

淮西兵变后,岳飞上书,奏请朝廷允许自己率领军队去攻讨郦琼。朝廷不许。宋廷下诏,命令他所部军队驻师江州,往援淮、浙。

绍兴九年(公元1139年)春,身在鄂州的岳飞听闻金人要归还河南地,宋金准备议和,连忙上书:"金人不可信,和好不可恃。相臣谋国不臧,恐贻后世讥。"

身为"相臣"的秦桧见到岳飞这封疏奏,心中恨岳飞入骨。

绍兴八年(公元1138年)宋金议和,史称"绍兴第一次议和"(这一年是金国天眷元年,所以《金史》称"天眷议和")。

此次和议,规定了宋金两国以黄河为界,金朝归还原为刘豫所辖的汉南、陕西之地,南宋向金称臣,并按年交纳"岁贡"银绢五十万匹(不是"岁币"是"岁贡"),金人答应归还宋徽宗梓宫及高宗赵构生母韦氏。

此次和议能成,主要是金朝大将挞懒等人出于私念使然:"以地与宋,宋必德我。"(《金史》卷七七)他觉得可以把赵构当成另一个刘豫,坐享金银财宝以及美女的贡奉。

另一个重要原因是,宋朝的主和大臣秦桧先前被俘后一直在挞懒手下,他们两人有私人方面的深交。挞懒手握军权,金朝朝内身任太师又兼领三省事的完颜宗磐与他联手,二人最终强使金熙宗君臣答应了和议。

但人算不如天算，金朝的"主战派"兀术等人不久在政治上发动反击，借耶律吴十谋反一案把挞懒、完颜宗磐等人一网打尽，撕毁了"天眷议和"达成的协议，重新攻占了本已归还宋朝的河南等地，宋金双方战事又起。

宋高宗赵构竹篮打水一场空。没办法，他只能强打精神，下诏诸路将领领兵抗敌。当时，为了安抚各路大将，他给诸人皆加官：加少师京东淮东宣抚处置使韩世忠为太保兼河南北诸路招讨使，封英国公；加少傅淮西宣抚使张俊为少师兼河南北诸路招讨使，封济国公；加武胜定国军节度使湖北京西宣抚使岳飞为少保兼河南北诸路招讨使。

岳飞统领手下大军，从陈（今河南淮阳）、许（今河南许昌）、光（今河南潢川）、蔡（今河南汝南）诸州出击，韩世忠率所部进至淮阳军（今江苏邳州）、宿州，张俊统所部进至亳州，迎击来势汹汹、撕毁盟约的金军。

金国军队这一次也是全备而来，一路势如破竹。兀术自为统帅，从黎阳（今河南浚县）出军，迅速攻至汴京，致使宋朝刚刚派去的东京留守魂飞魄散，立刻开城迎降。不久，宋朝的南京（今河南商丘）留守也乖乖向金军投降。接着，宋朝的西京（今河南洛阳）守将也被受金国节制的"伪军"李成部队打得弃城逃跑。金将撒离喝在兀术出兵的同时也率大军自河中（今山西永济）直杀陕西，很快打到凤翔。

仅仅三十多天，金军就攻取了"天眷议和"中交付给宋朝的河南、陕西的绝大部分土地。

绍兴十年（公元 1140 年）三月，南宋以大将刘锜为东京副留守，率王彦原先的"八字军"近四万人及殿司卒三千人，从杭州过江，赴淮水之后赶至涡口。而后，日夜兼程，舍船陆行，急驱三百里，屯军于顺昌城中（今安徽阜阳）。

行前，南宋的"八字军"将士以为此次外出会驻防汴京，皆携家眷而行，谁也没料到半路就会遇到金朝大军。

为此，刘锜召诸将问计，绝大多数人却表示："金兵不可敌也，请以精锐为殿，步骑遮老小顺流还江南。"（《宋史》卷三六六）

"八字军"的兵士，多是昔日两河一带义军出身的人，和金军先前交手多次，其实他们的战斗力挺强。只是这次出军，由于军中多有家属，故而兵士心中生怯。

刘锜闻言恼怒："我本受命往汴京任职，现在，东京地方虽落入金人之手，军队尚全，顺昌此地又有城可守，奈何不战而弃之。我志已决，敢言去者，定斩不饶！"（参见《宋史》卷三六六）

听刘锜如此说，"八字军"壮士皆默然无应，唯独有一位外号叫"夜叉"的军官许清赞同刘锜之意，说："刘太尉奉命守汴京,军士扶老携幼而来,现在我们自己避敌而走很容易,但谁又能忍心抛弃父母妻子于不顾呢?如果大家护家属一起逃返,途中必会为金军追击全歼,逃又能逃到哪里去!不如大家努力拼死一战,或可死中求生!"

刘锜闻言大喜,命手下把所有船只凿沉,以坚必死之心。他首先派人把自己全家置于一间古寺中,在门外积薪,当众对守卫兵卒说:"如果我军战败,立刻放火焚灭我全家人,以免受辱于敌!"

见主帅刘锜如此,"八字军"壮士感泣,男子备战守,妇人砺刀剑。全军上下争相大呼:"平日人欺我'八字军',今日当为国家破贼立功!"

刘锜身为主帅,在城上亲自督励将士,拾取先前伪齐制造的"痴车"等守城器械,放在城墙上面构筑工事加固,然后找了许多大门板,让军士扛上城墙之后,在"痴车"之前把这些门板竖立起来围住,组成极其有效的防御工事。

坚壁之后,刘锜不忘清野,他派人把城外数千家居民撤入城中,而后一把大火把所有民宅烧成白地。

忙活了六七天,宋军总算赶在金军到来之前巩固了顺昌城的防守。不久,金兵游骑涉颍河到达城下,把顺昌围个水泄不通。

刘锜于城下设下伏兵,生擒两名金军中级军官,审问后得知，金军大将韩常在距顺昌三十里以外的白沙涡扎下营盘。当天，刘锜夜遣千余宋军袭击，首战告捷，极大鼓舞了宋军的士气。

不久，金国三路都统葛王乌禄（即完颜雍，又名完颜褒，也就是后来的金世宗）率三万精兵，与金国龙虎大王合兵，进逼城下。

刘锜看到金兵大至，反而下令兵士大开四门。金军见状生疑，不敢逼近。心虚之下，金兵开始万箭齐发，以箭雨攻城。由于刘锜准备充分，金军的箭矢皆为防御工事所挡，根本伤不到人。金人发完几轮箭，该宋军显身手了。刘锜早已在城上准备了强劲的破敌弓，辅以神臂强弩，从城上或者是垣门处射向金军，杀伤甚众。

金兵中箭者众，稍稍后撤，但刚刚立稳足跟，宋军步兵忽然出城反击，金军溺河死者不可胜计，损失铁骑数千。

宋军和金军相持四日，前来的金兵越来越多，都集结于距顺昌城二十里以外的李村。夜间，刘锜派骁将阎充率五百人组成的敢死队，连夜袭击金营。当夜，正值雷雨天气，每有闪电，宋军敢死队就乘刹那间的亮光，看到辫发就砍去一刀。

金人与后来的清兵一样，都是辫发装束，宋军见到辫子就砍，肯定杀不错。惊扰之余，金军慌忙后撤十五里。

见夜袭成功,刘锜招募百人敢死队前往。临行,有夜战经验的兵士要求"衔枚",即嘴里咬住一支木棍以防出声。刘锜一笑,他说用不着衔枚,反而发给每人一个竹哨叼在嘴中,一个宋兵咬一个,挥着大刀就冲入金军营寨。

每逢闪电,宋军奋击。如果没有闪电,宋军在黑暗中就不动。这一百来号宋军,自己人容易辨认,他们听见哨声就忽然聚合。

夜色深沉之中,金军在营寨之间惊恐万分,由于看不清到底是敌是友,往往自相残杀,积尸盈野。早晨一看,他们发现地上死的都是金军自己人。惊惧之余,金军往后撤往老婆湾。

当时在汴京的金军统帅兀术听到金军如此吃亏,忙率十万大军来援,准备全歼顺昌城内的宋军。

宋军方面,连战得胜,马上有军将劝刘锜见好就收,全军乘船退守。刘锜一脸凛然,他说:"朝廷养兵十五年,正为关键时刻所用。我军虽挫敌锋,如果此时后撤,众寡悬殊,敌蹑击我军,则前功尽废。不仅吾辈不能免于难,敌人会乘胜进侵两淮,直逼江、浙。如此,我们平生报国之志,反成误国之罪!当今之计,有进无退!"(参见《宋史》卷三六六)

3. 兀术兵败顺昌

刘锜誓言不后撤，要与金军决一死战。为此，城内诸将感奋，皆表示："无论死生，唯刘太尉命是听！"

战前，刘锜招募死士曹成等两人，让他们骑马外出，遇到金兵之后就假装害怕而堕马，故意为金兵俘获。敌人审问，这两个人就回答说：宋国的顺昌守将刘锜是"太平边帅子弟，喜爱声妓，朝廷值两国讲和之际，派他往东京安家逸乐"。事前，刘锜嘱咐二人："你们一定要如此说，金人必不会杀掉你们。"

二人依计，骑马迎金军而来，佯装败走时落马，果然为兀术所擒。得知生擒了顺昌城内两个宋军，兀术亲自审问。这两个人果然就按照先前刘锜的嘱咐，告诉兀术说顺昌守将刘锜不过是一个纨绔子弟。

兀术闻言大喜，大声对身边的金朝将领们说"此城易破"。于是，他也不等重型攻城工具运到，马上就命令手下的十万金兵即刻急行军，趋往顺昌城。

到了城下金营，兀术怒责围城的金国诸将丧师败绩，声称攻下城池后要处罚他们。这些金军将领此前吃过刘锜许多苦头，争相说："南朝用兵，今非昔比，元帅您临城自会发现。"

兀朮闻言更怒，对这些金国兵将骂不绝口，痛斥他们都是窝囊废。

这时候，刘锜面对城外数量上占绝对优势的金军，丝毫不慌，派手下将校耿训亲往金营下战书。

兀朮大怒道："刘锜何敢与我战！以吾军之力破顺昌城，恰似用靴尖踢倒土堆！"

耿训一笑，说："我们刘太尉力请与您决战，他还说您连河也不敢过，刘太尉要造五座浮桥，专供贵军过河决战。"

兀朮听宋军来使如此说，都被气乐了，马上答应刘锜的约战，给金军下死命令，说转天攻入顺昌城内再吃饭。

刘锜果不食言，派宋军在颍水上造了五座浮桥。同时，他又派军士往颍水及附近草地遍撒毒药，并嘱诫宋兵，渴死也不要饮用河水。

转天一大早，宋金双方置阵。金军以"常胜军"严阵以待，诸大将各居一部。这支常胜军，应该是以昔日金军在燕云地区的精兵强将为主力。

观察形势之后，宋军诸将请示刘锜，说应该先击金大将韩常一军。刘锜摇头："即使击败韩常一军，兀朮精兵冲击，仍旧势不可当。我们应集中力量猛击兀朮中军，他的中军一动，其余各部金军不在话下。"

六月天气，一路上太阳甚猛，北来的金军还不习惯这酷热天气,加之远来疲惫,人马饥渴,皆烦躁不安。特别让金军诸将不安的是,金军成阵不久,就有许多人马不知就里地"咣当"倒地,人吐白沫,马拉臭屎,在地上抽搐不停。其实,这正是人马饮食了宋军投毒的河水和青草使然。

刘锜宋军方面,严阵以待,显得个个悠闲自得。而且,恰值晨气清凉,宋军各部皆按兵不动。兀朮失去耐心,知道这样耗下去对金军不利,但又不敢轻举妄动。

忽然间,宋军数百人手持明晃晃的刀枪,从顺昌城西门冲出,开始与金军接战。不久,刘锜忽遣数千人手执锐斧冲出,直犯金军大阵。这群宋兵行前受令,口中不准呐喊,只管挥动大斧死砍。

金兵对宋军这样的战法很不习惯,眼见这群宋军鬼魅一样,双眼赤红,大斧狂挥,惊骇之余,阵脚大乱。在双方交战时,兀朮白袍黑马,指挥三千亲兵督战。而金兵军中确实有制胜"法宝",号为"铁浮屠"——"戴铁兜鍪,周匝缀长檐,三人为伍,贯以韦索,每进一步,即用拒马拥之,人进一步,拒马亦进,退不可却。"(《宋史》卷三六六)拒马,是一种木制可以移动的障碍物,在夏商周三代时期便有了早期拒马,后来在各朝各代的军队中日益发展,它以木柱交叉固定成架子,后来还绷上牛皮什么的,架子前面还镶嵌有带刃刺的尖锐物。

不料，宋军统帅刘锜对金军这种秘密武器"铁浮屠"早有破法。宋军迎前而上，用长枪先挑掉金军的铁兜鍪，然后大斧断其臂膀，接着钢刀碎头，一气呵成，最终把金军的"铁浮屠"变成了三人一组的"铁尸首"。

清朝乾隆帝对他们先辈女真人的故事阅读很细，修史时亲自批注，认为"铁浮屠"三人连索不符实情，因为兵士在战场上勇怯不一，"勇者且为怯者所累"。其实，这也是乾隆一己之见。为什么呢？正是三人连起，怯者也不得不随勇者上，所以这种三人组如战车一般，又没有战车轮子的拖累，其实也是金人的一个"发明"。也有人认为金兵铁骑"铁浮屠"三人相连很荒谬，其实不然。木船相连其实也是军事的正常应用，用风纵火大烧曹丞相于赤壁，也说明不了把木船捆一块就是荒谬。南北朝水战仍有运用"连舟计"取胜的案例。由此推之，"铁浮屠"和"连马"并非不可能，重骑兵能够造势，既有威吓作用，也有实战作用。

这招不成，金军推出最后的绝招"拐子马"。有人对"拐子马"一词质疑，认为是岳飞之孙岳珂"造假"，弄出这么一个名词以彰显金军勇猛来反衬其祖父岳飞更勇猛。

其实，金军确实有这么一支猛军，即他们最为精锐的"常胜军"。这些部队专为攻坚之用，往往在双方交战正酣时做生力军使用，自金国用兵以来，所向无前。

但是，这些身披重铠下跨精骑的重骑兵，遇见如狼似虎杀红眼只知猛抡大斧的宋军，接战不久，就被杀得人仰马翻，最终大败溃逃。

刘锜浑然有大将风采，他自己坐镇指挥，不慌不忙。在宋朝兵阵之后，宋军竖立拒马木，每批宋军攻杀一轮后，都会有秩序地回撤入城中，城上战鼓不绝，城下战士坐食饭羹。吃饱饭之后，宋军就撤放拒马木，然后重新深入金阵大肆砍斫，如入无人之境。

在很短时间内，金军弃尸毙马，血肉枕藉，车旗、器甲积若山丘。常胜军，这支兀术平日所恃的百战强军，十损七八。宋军乘势，不停出击，连续击杀金军近三万人。苦战至晚，双方鸣金收兵。

当夜，天降大雨，平地水深尺余。转天一大早，兀术心慌，下令拔营撤退。刘锜得势不饶人，下令追击，又斩杀金军一万多人。于是，兀术败往陈州（今河南淮阳），无可奈何地撤回汴京。

可惜的是，宋高宗赵构不仅没有下令刘锜乘胜追击，反而诏命宋军退守镇江府，失去了一次绝好的全歼兀术部队的机会。

不久，出使金国的宋使洪皓派人捎来密信，告诉宋高宗，顺昌大捷后，金人震恐丧魄，把燕地重宝珍器都偷运至北方，很想放弃中原退走北国。当时，金军已经有大撤退的事前准备，如果当时宋军诸将协力，分路进讨，兀术可擒，汴京可光复。可惜，在懦弱的宋高宗瞎指挥下，宋军匆忙撤军，自失机会。

宋军统帅刘锜在顺昌与金军大战之前，其实心中并没有百分百的胜算，他不停上表告急。当时的高宗赵构，就下诏派岳飞率所部驰援，并写手诏，表示"设施之方，一以委卿，朕不遥度"。也就是说，宋高宗准许岳飞根据当时战争形势随机应变。

岳飞得到宋高宗诏书之后，不敢怠慢。他一方面急遣部将张宪、王贵、牛皋等人分赴拱州、亳州、汝州、曹州、光州等地，一面派遣大将梁兴渡河，联合汉人武装忠义社等军，掠取被金人占领的河东、江北州县，又分遣兵马东援刘锜、西接郭浩。而岳飞本人，则亲自率军，长驱中原。

临行，岳飞又上密奏："先正国本，以安人心，然后不常厥居，以示无忘复仇之意。"据史书所载，"帝得奏，大褒其忠，授少保，河南府路、陕西、河东北路招讨使，寻改河南北诸路招讨使"（《宋史》卷三六五）。

其实，高宗赵构在"大褒其忠"的背后，肯定恨岳飞恨得牙根直痒痒：你一个武将，出征应命而已，率领大军出征，临行又让朕"正国本"立储，又让朕无忘父兄被掳之仇，意欲何为！

当然，金军入侵火烧眉毛之际，对于岳飞这样的大将统帅还不能斥驳责骂，所以当时宋高宗赵构忍住一肚子毒火，反而对岳飞又"褒奖"又加官，无非是想让这个大将"安心"，先出兵挡住金军攻势再说。

果不其然，岳飞诸将勇猛，在绍兴十年（公元1140年）七月首战就大败金军于京西地区。紧接着，岳飞遣其大将张宪击金将韩常于颍昌，收复淮宁府；遣郝晸收复郑州；遣张应收复西清；遣杨遇收复南城军；遣乔握坚收复赵州。一时之间，宋军形势大好。

八月清秋，岳飞自提轻骑驻于郾城，兵势甚锐。

听到宋军来势凶猛，兀术大惧之余，忙招金朝一方大将龙虎大王合议，认定宋朝各部将帅好对付，唯独岳飞一军最难攻打，想分兵诱岳飞主力集结，并力一战以吃掉"岳家军"。

听闻此讯，岳飞不惧反喜，笑言道："金人技穷矣！"

大敌当前，岳飞不仅不龟缩据守，反而派人天天主动挑战，并于阵前大骂，以激怒金军。兀术大怒，先前顺昌大败的无名怒火一直不得发泄，他很想杀败宋军以消邪火。于是，他命令金朝的龙虎大王、盖天大王以及韩常等人合军，进逼郾城。

望见金军汹汹而来，岳飞命其子岳云率宋军骑兵直贯敌阵，临行嘱诫道："不胜，先斩汝！"

岳云虎气十足，率骑兵与金军鏖战数十合，杀得金兵尸首遍野。战酣之际，兀朮再祭出他的"绝招"，立命一万五千名重骑兵组合"拐子马"出击。其时，金军先前的顺昌大败，已经暴露出金军"拐子马"的致命弱点，兀朮此时来不及吸取教训，就贸然又用出这一计。既然金军的"拐子马"出不了奇，当然也不可能取胜。

望见金军三人一组的铁骑冲击，早有准备的岳飞挥令旗招岳云骑兵迂回后撤，派出手执大柄砍刀的步兵缓步出战。

金军"拐子马"冲至宋军阵前，宋朝步兵也不抬头，个个弯腰，专砍不能施以蔽护的铁甲战马最脆弱的腿关节。可以想见，金军的拐子马，马马相连，如果一马仆倒，二马马上就被绊住。

到了这个时候，金军不仅未能造成冲势撕开宋军阵地，他们自己的重骑兵还纷纷抛坠于马下。身披重铠的金国骑兵，不是被宋兵用大刀砍死，就是被自己的重甲战马压死。

眼睁睁看见自己一万多"拐子马"尸首乱陈，兀朮痛哭："我朝自海上起兵，皆以此胜，今天算是完了！"

悲怒交集，兀朮严令金朝步军往前冲杀。

见此，岳飞大帅亲自率领四十骑手下骑兵突然从中军冲出。看到宋军统帅勇猛出击，万余金兵掉头往回猛逃。

4. 宋兵得胜之后为何退兵

兀朮遭此大败，愧恨难消。喘息之后，他合师十二万，在临颍扎下大营。

大战期间，岳飞部将杨再兴杀得兴起，率部下三百人四处截杀败散的金兵，脱离宋军主力之后，杨再兴等人恰恰正与十余万刚刚集结的金军遭遇于小商河。虽然双方兵力悬殊，杨再兴却无丝毫畏惧，率三百宋兵与金军死战，结果攻杀两千多金兵，但终于寡不敌众，杨再兴与三百宋兵全部阵亡。战后，金军获得杨再兴尸体，火葬后从这位英雄身上得到的箭镞就有两升多重，可见当时宋军血战之烈。

杨再兴原本是叛军曹成的部将，北宋灭亡后一直跟随曹成在广东、湖南一带四处劫掠。绍兴二年（公元1132年），在与岳飞军交战中，他曾杀掉岳飞手下大将韩顺夫及岳飞之弟岳翻。曹成军大败，杨再兴等人逃往广西。后来，岳飞手下大将张宪追击杨再兴，逼得这位飞将只身跳入溪涧，最终为张宪抓获。绑上要杀时，杨再兴高声大喊，表示要亲见岳飞作解释。岳飞见杨再兴相貌奇伟，释之不杀，说："吾不杀汝，汝当以忠义报国。"

由此可见，岳飞这个人气度确实不凡。杨再兴曾经杀掉岳飞的弟弟岳翻以及大将韩顺夫，但他依旧得到赦免，除了因为岳飞爱才之外，也是因为当时岳翻、韩顺夫二人正逼迫抢来的美貌民女作陪喝酒。这种事情，对于军纪极严的岳飞来讲是不可容忍的。当初，岳飞的亲舅犯法被岳飞训诫，他心中不服想乘间杀掉岳飞，最终也被岳飞手刃。所以，当时岳飞不记杨再兴杀弟杀将之仇，心中可能也是觉得杨将军是为民除害。从这点，尤可见出岳飞作为一个军人在人品方面的伟大与无私。在先前郾城之战时，杨再兴也是孤胆英雄，单骑闯入金军战阵想生擒兀术，冲荡数次也没找到这位金酋，最后在阵中手刃数百人而还，确实是一位千古难得的勇将。

杨再兴英勇牺牲，痛惜之余，岳飞命张宪率军与金军接战，打得金军连夜狂逃。而且，岳飞乃计谋统帅，审时度势，他叮嘱儿子岳云道："金贼屡败，必定复攻颖昌，你立即去支援王贵一军。"

果然，金军忽然兜转扑向颖昌，这样一来，恰恰迎面遇上出城迎敌的王贵和岳云。岳云自将八百骑兵，王贵率两千多兵士，挺前决战。混战中，宋军奋勇直前，又杀掉兀术女婿夏金吾、副统军完颜宗翰以及金兵数千人。最终，兀术手下的军队抵挡不住宋军进攻，慌忙逃走。

岳飞的儿子小将军岳云,时年才二十二岁。值得一提的是,这岳云不是岳飞亲儿子,是养子。这位少年英雄十二岁即从军,隶于张宪帐下,军中称其为"嬴官人"。因作战奋勇无前,为岳飞收为养子。每战,岳云手握两铁锤,重八十斤,先于诸军登城。攻随州、平襄汉,岳云皆居首功。岳飞始终不上报其功,最后还是张浚出面,说:"岳大人你避宠荣,虽然廉洁无私,但对儿子确实不公平啊。"岳飞力辞:"士卒冒矢石立奇功,始升一级,吾子岳云超迁,何能服众!"

颖昌大战,岳云小英雄出入行阵,身受百余创,甲裳皆赤。英烈门风,赫赫神勇。

早在绍兴五年(公元 1135 年),岳飞就指派部将梁兴暗中交结两河一带沦陷区的汉人豪杰,敛兵固堡,等待大宋军反攻的那一天。至此,岳飞的大将梁兴与太行忠义百姓及两河豪杰会合,累战皆捷,中原大震。此时,各路义兵都大张"岳"字旗,父老百姓挽车牵牛,载粮负水以馈义军。

窘急之下,兀尤想在河北地区签军(征兵役)以抵拒岳飞的进攻,但河北的汉人百姓无一人听命。至此,兀尤长叹道:"自我起北方以来,未有如今日之挫败!"

不仅北方汉族人民义军四起,金朝统制王镇等多名金将也主动来降。金帅乌陵思谋一直以狡黠多智著称,至此也不得不对属下透出消息:"毋轻动,俟岳家军来即降。"金朝龙虎大王的禁卫军千户高勇,也暗中接受岳飞旗榜,自北逃南,向岳飞投降。

最让人欢欣鼓舞的是,宋军势不可当,兀术手下最得力的干将韩常也想以手下五万众归附宋朝,可见当时的形势是百分百有利于宋朝。这个金朝的大将韩常是汉人,但他原本不是宋朝汉人,而是辽国燕云地区的汉人。韩常的父亲当年在辽国当统军,后来父子一起投降金军。韩常年轻精骑射,能挽三石硬弓,据说射必入铁。投降金国之后,他常常率辽东汉儿军为金军前锋,屡立战功。兀术渡江作战,常常以韩常为先锋。兀术从江南回金国之后,论功行赏,升韩常为万户都统。后来,他还跟随兀术到陕西作战,猛攻仙人关,被南宋大将吴玠打败,并被宋军射瞎了左眼。虽然败于陕西,但韩常的勇敢却一直得到兀术的赞赏,但凡出征,兀术必带韩常。如此金国猛将,眼看着岳家军生龙活虎一般勇敢,此时也生出降附之心。

得胜大喜之余,岳飞壮志豪情,对手下高言:"直抵黄龙府,与诸君痛饮尔!"

朱仙镇一战,宋金双方对阵,金国有众十万,岳飞以"背嵬骑兵"五百人奋击,大破金军,兀术狼狈不堪,率领残军遁还汴京。

此时,岳飞大军距汴京仅四十多里而已。正当岳家军指日渡河之际,高宗赵构与秦桧正筹划放弃淮河以北地区,准备与金人讲和。

岳飞闻讯惊骇,马上上奏:"金人锐气沮丧,尽弃辎重,疾走渡河。(两河)豪杰向风,(宋军)士卒用命,时不再来,机难轻失。"

宋高宗赵构、秦桧知道岳飞锐志不可轻回,就下诏让张俊和杨沂中两部宋军先行撤回,割断岳飞军的两支臂援,然后,"一日奉十二金字牌",严诏岳飞班师,声称其孤军不可久留。

无奈之余,岳飞愤惋泣下,长叹:"十年之力,废于一旦!"

宋朝的班师令下,河北人民扶老携幼,遮马恸哭:"我等戴香盆、运粮草以迎官军,金人悉知之。相公您这一去,我辈肯定为金人杀得一个也剩不下!"

岳飞闻言也悲泣,从怀中掏出皇诏出示:"朝廷有命,我不能擅留。"

百姓闻之,哭声彻野。为了避免金军屠戮当地汉族百姓,岳飞停留五日,等候愿意南迁的百姓。

岳飞南撤之时,其实兀朮也正要弃汴京北逃。当时,金军大车小车装载满,正要起军,忽然有个书生拦住兀朮马首进谏:"太子(兀朮乃金太祖第四子,时称"四太子")毋走,岳少保很快就会退兵。"

兀术闻言苦笑："岳少保以五百骑破吾十万众，京城百姓日夜望其来，何谓此城可守？"

书生不慌不忙，为兀术分析道："自古未有权臣在内，而大将能立功于外者。岳少保自身性命尚且不能保，何况其成功乎！"

兀术闻言，恍然大悟，赶忙下令金军暂停撤退。

岳飞所率宋军班师后，先前所得州县，再度被金军占领。大好河山，善良人民，重归于金国敌军。

高宗赵构与秦桧二人，确实是中国历史上少见的奸帝奸臣二人组合。当其时也，金军不仅在东面战场大败于刘锜、岳飞之手，金国在西面战场的撒离喝大军也在川陕地区屡战屡败，被宋朝大将吴璘（吴玠当时已去世）、胡世将等人数次痛击。金兵虽时有小胜，也要付出惨重的代价，最终仍退回凤翔休兵。

当时的金人，兵老气衰，连兀术爱将韩常也在私下抱怨："今之南军（宋军），其勇锐乃昔之我军；今之我军，其怯懦乃昔之南军。"

造成这种情况的原因种种，主要是因为金兵掳掠多年，上下丰足，这些军人一旦有了钱财，自然惜命，这也是金兵厌战的重要原因。

岳飞回朝之后，力请辞职，朝廷不许。此时此刻，岳飞胸中郁郁不乐，先前收复河山的一腔热情，均化为乌有。

绍兴十一年（公元1141年，金皇统元年），兀朮自率十万大军，气势汹汹地渡过淮河，由寿春直荡淮西。宋廷急命张俊、杨沂中、刘锜部迎击。兀朮见宋军来势迅猛，暂时撤退至柘皋（zhè gāo，今安徽巢湖附近）。

不久，双方在柘皋大战，宋军先败后胜，张俊部将王德表现神勇，大败金军，乘胜收复庐州（今安徽合肥）。

柘皋之战得胜，张俊为了争功，又认定金军已经全部北撤，就派人阻止刘锜、岳飞所部宋军。实际上，金军主力多数集结在濠州一带（今安徽凤阳）等待机会。四月初，金军忽然进攻濠州，急往救援的宋军杨沂中、王德被金军截击，宋军损失数万人。至此，兀朮才有了与宋朝"和谈"的砝码。最终宋金双方达成了"绍兴第二次和议"，金国称"皇统议和"。（参见《宋史》卷三六五）

5. 秦桧主张议和的缘由

南宋与金朝之间的"议和"，实际从高宗赵构继位的建炎元年（公元1127年）已经开始，只不过开始只是高宗赵构这边剃头挑子一头热而已。

建炎元年七月，高宗赵构即遣宣义郎付雱为使，到完颜宗翰军中，"奉表通问二帝，致思慕之意"。不久，与徽钦二帝一起被俘北迁的宋臣曹勋得间自金国逃还，向赵构展示徽宗的手诏。但当曹勋建议募招敢死之士入海道间行潜入金国营救宋徽宗回国时，新帝的"重臣"黄潜善老大不高兴，把曹勋外贬。同年年底，高宗赵构派王伦、朱弁为正副使节，通使于金。不巧的是，当时金军大举南下，软禁了王伦等人。

建炎二年（公元1128年）六月，高宗委任宇文虚中为金国祈请使，向金国称臣奉表。刚到金国，一行人就被金人往回打发，宇文虚中表示："奉命北来，祈请二帝，二帝未还，虚中不可归。"金人嘉其志尚，便把宇文虚中留了下来。

宋朝之后，受蒙古人统治下的汉人腐儒误导，后人多以宇文虚中为无赖小人，其实他是一位深晓民族大义、忍辱负重的高节士大夫。

建炎三年（公元1129年）夏，南宋以洪皓为金国通问使。洪皓历经千辛万苦，走了一年多才得见完颜宗翰。金酋强迫洪皓在伪齐刘豫手下做官，洪皓大义凛然："万里衔命，正为奉二帝南归。刘豫悖逆，吾岂肯事此逆贼！吾留亦死，不事刘贼亦死，不愿苟且偷生，请下令杀我，绝不后悔！"完颜宗翰大怒，喝金兵推出杀掉，倒是他身旁一个亲卫将校为洪皓所感动，劝言说："此真忠臣也！"劝完颜宗翰息怒，把洪皓流放冷山，暂时没有杀掉这位宋朝忠臣。

同年秋，南宋又派张邵使金。金朝挞懒接见，令张邵下拜，张学士立马拒绝，表示南北朝臣之间无相拜之礼，并愤言宋金之间的曲直。挞懒大怒，取国书而去，把张邵囚禁在柞山寨。

建炎四年（公元1130年）冬，秦桧从金国"逃归"。秦桧在靖康之变时与徽钦二帝一起为金人北掳，金主把他当成一个高级奴隶赐予挞懒。秦桧能说会道，挞懒非常倚信秦桧。

挞懒进攻楚州时，秦桧与其妻王氏自金营中"跑出"，归于宋朝的"涟水军"，他自称是杀掉金人看守，夺舟而归。归朝后，朝臣对秦桧"逃归"之说多怀疑惑：秦桧与数位宋臣同时被俘，为何唯他一人得还？而且，"自燕至楚二千八百里"，逾河越海，路上竟然没有金人监视看管，让这么一个读书人轻易逃归？更可疑的是，秦桧如果是被迫跟从挞懒当"参谋"，一般来讲其妻王氏会作为人质另居他处，夫妇二人竟然夫唱妇随"胜利大逃亡"，真是漏洞百出。

不过，宋高宗当时的朝中大臣范宗尹和李回与秦桧是旧交，力荐其忠。秦桧入对，马上呈上事先草拟好的《与挞懒求和书》，高宗赵构览之甚悦，赞称秦桧"朴忠过人，朕得之喜而不寐！"

究其实也，秦桧抓住高宗一心与金国讲和的心理，一言中的，赵构自然"龙心"大悦。

秦桧在历史上肯定是一个奸臣，这没有任何疑问。但在民间和学术界，还有一种说法认为秦桧实际上是金国派到南宋内部潜伏的奸细。这一点，其实不是那么简单。当年在靖康之变的时候，金兵过河包围汴京，当时北宋马上就要灭亡了。在这个关键时候，秦桧是一个坚决的抗战派。当时，北宋朝廷中大多数大臣都是投降派，但秦桧给宋钦宗上疏，劝说皇帝一定要和金朝抗争，既不能割地，也不能投降。后来，金国人扶植张邦昌伪楚政权，秦桧再一次站了出来，上书金军，铁骨铮铮，要求金军保留赵宋的国祚，不要扶立张邦昌做皇帝。虽然当时秦桧的这个上书没有结果，但是他在靖康之变过程当中的表现，绝对算是一个爷们儿。后来，秦桧和许多宋朝大臣一样，被金军押走北行当了俘虏。而就是在金国当俘虏的四年之间，秦桧发生了本质的变化，从一个主战派变成了一个主和派，对金国的态度也变成了软弱谄媚，甚至奴颜婢膝。

最早说秦桧是金国奸细的，是南宋的宰相朱胜非。他在笔记《秀水闲居录》中，说秦桧回到宋朝就是肩负着金国人的使命而来，还说南宋使者到金国去，挞懒总是对南宋使者夸赞秦桧是个人才，"数问桧，且称其贤"，由此判定秦桧就是金国的密探和奸细。其实，但凡有一点常识的人就可以想出来，如果秦桧果真是金国的密探，挞懒之言，其实是暴露他啊。当然，有人会说，朱胜非和秦桧同时代，还曾经同朝为官，他的说法绝对不是道听途说，肯定是有确凿证据的。也不能这么说。因为后来秦桧和朱胜非闹掰了，把朱胜非贬到湖州闲居了八年，挂起来了，所以朱胜非才有时间写《秀水闲居录》，才有机会在这本书中说秦桧是奸细。所以，判断秦桧是否真的是金国的奸细，还要看类似《三朝北盟会编》这样的正规史书。根据《三朝北盟会编》这本史书的记述，秦桧虽然被金国人俘虏到了北方，但金国人当时还是挺敬重他的，主要是因为在靖康之变的时候秦桧所表现出来的气节。为此，金国皇帝把秦桧赏赐给他的弟弟挞懒，成为这名金国御弟的类似翻译或者高级秘书一类的人。公元1130年，挞懒做监军带着金兵攻打南宋的时候，秦桧在金军内的职务是"随军转运使"，负责金军的粮草保障供应。当时秦桧确实想归国，所以他欲擒故纵，出发前故意不带自己的老婆王氏，那个王氏就天天在家里大哭大闹的。这个王氏，在小人书中被画得又丑又老不像好人，其实人家也是南宋宰相王珪的孙女，绝对的大户人家出身的美女。王氏这么一哭闹，挞懒的老婆知道了，就转告了挞懒。挞懒一听，说这事儿好办啊，就让秦桧携带夫人一起出征吧。所以，秦桧夫妇才能够一起随金军南下。由此，他才能够有机会从金军中"逃归"南宋。

而且，秦桧之所以能够"逃出生天"，也不是他多么有本事多能装多能虎穴脱险，应该是他和挞懒之间有一定的默契。但是，这种默契，绝对不是说他人在宋营心在金，处心积虑给金国当卧底和奸细。自始至终，虽然秦桧是奸臣，但是他所效忠的一直是南宋政权和南宋皇帝宋高宗，绝对不是效忠金国政权。

秦桧从金军中的"逃归"，应该是他与挞懒密谋后的居心良苦的"大策划"，当然，也不能说秦桧居心叵测，想与金军一起灭掉南宋。当时挞懒之意，是想把南宋扶植成一个傀儡政权，而秦桧之意呢，就是促成宋金和议，以实现他自己平步青云的目的。

秦桧"逃归"之时，南宋的涟水军卒捕得这对夫妇，见二人装束怪异，又自称自北而来，便绑个严严实实，准备当作金人奸细杀掉以邀赏。秦桧知道乱世杀人或被杀都容易，忙叩头告哀，对几个大兵说："我乃御史中丞秦桧，这附近有秀才读书人吗？可唤来一问，他们应该知道我的名姓。"正好，旁边搭棚子卖酒的人名叫王安道，曾中秀才，大兵便唤来相问。王秀才本不知道秦桧之名，出于好心，上前作揖道："秦中丞辛苦！"宋朝人尊重读书人，几个大兵见王秀才都认识被绑的长脚汉子，想来不是金人奸细，息了杀心，放掉秦桧夫妇。所以，历史中的偶然性不可小觑，假若当时王秀才心情不好，说他自己不知道什么"秦中丞"，几个宋兵肯定会立时杀了秦桧夫妇，既能分得财物，又可持人头去主将处邀赏。那样一来，南宋以后的历史也许会全然改观。

绍兴二年（公元1132年），秦桧为右相，很快他就献策，"欲以河北人还金（国），中原人还刘豫"。这个主张太过露骨，惹得赵构也不高兴，怒道："朕北人，将安归！"不久就将秦桧罢相。

同年十月，先前遣至金国的宋朝使臣王伦归国。王伦在金国被软禁期间，冒死买通商人陈忠，向被囚禁的徽钦二帝转告了宋高宗赵构继位的消息，又探明了二帝被囚的具体位置。金国统帅完颜宗翰见王伦，责问南北通和是不是王伦擅作的主张，王伦直言："使事有指，不然，来此所为何事！人定者胜天，天定亦能胜人，惟元帅（指完颜宗翰）察之！"

思考数日，完颜宗翰忽然入驿馆见王伦，放他回江南，商谈金宋和议之事。由于王伦回归，具言金人情伪，高宗赵构很高兴，优诏奖之。但当时南宋正准备议讨刘豫，金宋和议没有实质性进展。

绍兴三年（公元1133年），完颜宗翰派李永寿为使，与使金而还的宋使韩肖胄一起抵达江南。金国自靖康之后，只有宋使往见，如今金使来宋，这还是破天荒的一次。当然，金使前来并不讲"和议"，开口就要南宋放归俘获的刘豫手下军卒，并割长江以北土地给刘豫。

虽然当时南宋已拥强兵二十万，怯懦的高宗赵构还是赶忙遣使议和。

绍兴五年（公元1135年）夏，宋徽宗死于五国城。当时被拘押于金国的宋朝最早一批使臣如朱弁、洪皓等人，闻徽宗皇帝崩讯，泣血服丧，以尽臣子之礼。直到两年后，宋使何藓返归，举朝上下才得悉徽宗皇帝与宁德郑皇后的死讯，南宋君臣发丧成服。

由于与金国恢复和议，被外贬的秦桧又返朝得用，被宋高宗委任为枢密使。金人废掉刘豫后，挞懒对宋使王伦说："你回去报知江南（南宋），自今开始，和议可成。"

王伦到杭州，面见高宗，汇报说金人答应归还徽宗皇帝的梓宫及高宗生母韦氏，还要把河南地划归南宋。宋高宗大喜，立遣王伦回金国奉迎其生母及父亲的尸骨。

绍兴八年（公元1138年），秦桧得拜为尚书右仆射同平章事兼枢密使，军政大权皆归于一人之手。秦桧翻云覆雨，先后摆平政坛老对手赵鼎和张浚，终于得掌朝权。

六月，王伦与金使一起前来，任务完成得还挺迅速。本来，挞懒等人有准备把河南地归还宋朝的动议，金国朝议时多有贵族大臣反对。挞懒当时与金太宗的长子完颜宗磐联手，在朝中炙手可热，特别是他们联手扳倒完颜宗翰一系的势力后,很想再趁势把金熙宗完颜亶也做掉,推完颜宗磐为帝。

挞懒之所以如此"热衷"和议,另一个原因还在于他刚刚被封为"鲁国王",秦桧暗中写信劝他"就封以治鲁地",完全出于一己私心。而挞懒呢,归还宋朝的河南地,就是想要南宋君臣对他感激涕零,成为刘豫伪齐的又一个"翻版",听命于他,助他日后在金国日益坐大,直至拥完颜宗磐坐上帝座。所以,绍兴年间,宋金第一次和议,金国方面完全是由挞懒、宗磐等人强行推动,金熙宗和诸多大臣心中根本不情愿。

6. 秦桧专权欲害忠臣

就在和议进行之间,宋朝多位大臣上表,表示"国耻未雪,义难请好",均被秦桧下令逐出杭州行在。不久,他把丞相赵鼎和副相刘大中也排挤出朝。秦桧主持和议,开始心里也七上八下,经过多日观察,高宗赵构又表示"朕独委卿"。秦桧这才放开胆子去干。

秦桧的亲信、中书舍人勾龙如渊(复姓勾龙,原为"古勾芒"部落族姓,因"古"与高宗赵构名有讳,改姓勾龙)为他出主意:"相公(宋朝对宰执大臣的尊称)为天下计,而邪说横起,何不择人为台谏,使(台谏官)尽击去,则事定矣。"

秦桧大喜，以勾龙如渊为御史中丞，严劾持异议者，封闭所有反对议和的言路。

这年十一月，王伦与金使张通古偕来，所过州郡都以臣礼迎接他。而且，张通古的身份是"江南诏谕使"，并非把宋朝当平等邦国看待，而是完全待以藩属。

虽然秦桧、高宗和议谋定，群臣却不依不饶，纷纷上书，要求高宗赵构不要屈辱地向金国称臣，以中华而奉夷狄，言至痛切。特别是枢密院编修胡铨，愤然抗疏，洋洋千言，称王伦、秦桧奸邪，当斩杀二人以谢天下。

疏奏呈上，高宗、秦桧大怒，本想杀掉胡铨，但迫于公论，最后把这位诤臣削职投至广州盐仓去看门。

禁锢朝士之口容易，打发金使却难。依照和议，南宋为臣，金朝为君，宋高宗本人应该跪接金朝皇帝的"诏书"。宋高宗赵构虽庸怯阴险，为人也挺要面子，对秦桧说："朕嗣守祖宗基业，岂受金人封册？"

同时，大将韩世忠、杨沂中等人也对秦桧表示："朝议籍籍，军民汹汹，如果皇上当众受辱，说不定会引起事变，到时候谁来负责？"而后，诸将帅又联名上书台谏。

最后，还是秦桧心腹勾龙如渊等人出主意，让宋高宗以守丧三年不能出见金使为名，派秦桧以宰执身份代替高宗

"诣馆受书"。

金使张通古本来不答应，王伦急得对他又逼胁又吓唬。结果，这位张通古也怕自己完不成使命，便答应秦桧可以替宋高宗拜受金朝国书，同时要求宋朝百官临观受书礼。

这个场面好应付，南宋大臣们当然集不全，秦桧密命尚书省的大小官吏随从穿上朝服冒充朝廷百官，与他一起拜受金国国书。最终，宋金第一次和议达成。

说起金朝使者张通古，顺便讲一下金朝的民族关系。张通古，字乐之，易州易县人，是辽朝进士，本是契丹统治下的汉人。完颜宗望占领燕京时，把他召于幕下，他开始为金朝效力。说到封建时代民族的"等级区分"，一般人只知道元朝有"蒙古、色目、汉人、南人"之分，殊不知金朝的民族划分更加严苛，金国民族"层级"分为五等：女真、渤海、契丹、汉儿和南人。特别应注意的是，金朝人所称的"汉儿"，专指原契丹辖境内的汉人，后来他们占领的河南、山东一带的汉人，金人则称之为"南人"（元朝时把起先占取的金地人称为"汉人"，南宋人则称"南人"）。

此外，辽朝时，契丹统治者并未强迫境内汉人改服易俗，但金初女真人和他们的后代一样，有"剃发左衽"的强迫命令。金国的发式与后来满族相似，中间留发的一撮，面积似乎更小一些，而且金初女真人"剃发易服"的命令也十分严酷，为此杀害了不少汉人，直到海陵王完颜亮时期才有所舒缓（"诏河南民，衣冠许从其便"）。当然，金国人在黄河以北的老占领区，还是严格实行"剃发左衽"令。

金世宗以后，汉人、南人在金廷人数越来越多，忠心卖命的不少，因为这些人也有自己的一套"忠君"理念。但是，金朝的民族界限始终未泯，恰如后世清朝一样。

和议消息传出后，南宋举国皆愤。武将中，有多人上疏反对和议，韩世忠四次上疏要求举兵与金国决战，皆"不报"。金使张通古返国时，韩世忠在洪泽镇埋伏人马，准备截杀金使以坏和议，结果未遂。

高宗赵构当时之所以心急火燎地不惜屈膝为臣与金人议和，其中一个重要原因，是他听说金人废刘豫后，又想拥立他的兄长宋钦宗在河北地区为傀儡皇帝。

宋高宗最怕金人这一手，那样一来，他这个大宋"皇帝"之弟，不可能再在帝位上坐着与作为皇帝的兄长兵戎相见。可见，金人此招最灵，实为一剑封喉的伎俩。

南宋绍兴九年（公元1139年）四月，宋朝使者王伦亲至汴京，面见兀朮，交割地界，得东、西、南三京，寿春府、宿、亳、曹、单州及陕西、京西诸州之地。兀朮于是自祁州（今河北安国）渡黄河而去，移行台于大名府。

虽如此，其实兀朮（完颜宗弼）与金国大酋完颜宗干皆一心要"收复"归宋之地。果然，兀朮等人接着与金熙宗密谋，稳住先前主张与宋议和的挞懒一系人员，并扣押了正要回国复命的宋使王伦。

王伦见势不妙，赶忙遣人日夜兼程逃回南宋，要南宋朝廷提早安排兵卫，以防金人背弃盟约。

当年八月，王伦在中山（今河北定州）为金人正式拘捕。

不久，金朝内部政治斗争白热化，以吴十谋反案为引子，金熙宗在兀朮等人帮助下，逮捕了完颜宗磐等宗室，继而流放挞懒。不久，金熙宗下诏诛杀挞懒。挞懒本人自燕京得间逃脱，南逃准备奔宋，结果被政敌兀朮抓住，乱棍击死。兀朮下令杀其宗族亲属八百多人。

至此，兀朮奏请金熙宗"恢复旧疆"，并押送王伦至上京（今黑龙江哈尔滨市阿城区）。金熙宗见到宋使王伦，怒责他"但知有元帅（指挞懒），不知有上国（指金熙宗君臣）"，手拿宋朝国书挑三拣四，指摘不已。

最后，金熙宗提出无礼条件，要宋高宗赵构向金国正式称臣，使用金朝年号为"正朔"，以及其他多项南宋不可能答应的苛刻"条件"。

南宋自然不答应。绍兴十年（公元1140年）夏，兀朮大集金兵，以宋朝与挞懒暗中交通为名，撕毁先前盟约，发动了对宋朝的新一轮攻势。

听到金人毁盟的消息，秦桧心中甚惧，生怕宋高宗拿自己泄愤开刀，又怕宋高宗重新起用张浚这个政敌。不久，他知晓高宗赵构对张浚的成见极大，不可能重新起用，心中乃安。

此后之事，便是刘锜、岳飞等人的顺昌大捷、郾城大捷以及颍昌大捷。金军数遭重创，直到濠州之战，兀术才挽回一些面子。

至此，兀术也清醒认识到，事到如今不能不和南宋展开和谈，于是他遣回先前被金军扣留的宋使莫将，在不停止军事行动的同时，与宋朝重开谈判。

其实，虽然在濠州之战中，南宋遭遇了败绩，但当时在江南地区和河北地区的宋金力量对比，已经由金强宋弱转变为宋强金弱。但是，由于渗透至骨的恐惧，宋高宗赵构对此全然不觉。

绍兴十一年（公元1141年）四月，兀术渡淮撤走后，高宗赵构与秦桧密谋，召韩世忠、张俊、岳飞入朝，以"论功行赏"为名，以韩、张二人为枢密使，以岳飞为枢密副使，一举剥夺了三个人的军事实际指挥权。

张俊虽然是武将出身，但心灵脑子活，知道秦桧要罢兵，自告奋勇交出兵柄，并且力赞和议。秦桧高兴，派张俊与岳飞一起前往昔日韩世忠的地盘楚州"视察"战地形势。张俊很有心机，他在楚州一面斥贬韩世忠的昔日旧将，一面又派人诬称韩世忠有谋反企图。韩世忠从岳飞处知晓此事，连忙入宫跪地向高宗赵构号泣辩白，最终消除了赵构对自己的杀心。从此，韩世忠心灰意冷，闲居不再过问军事。

于宋高宗、秦桧这对最佳卖国搭档而言，现在，他们最大的"心病"，只有岳飞一人。

韩世忠虽然人直心正，但眼看着岳飞从小校升为与自己同排坐的方面大帅，心里难免不爽。不过两人爱国忠君是一致的，很快他与岳飞言归于好，双方心中并无芥蒂。另外一个宋朝大将张俊则不然，他十分嫉恨岳飞这个昔日的下属夺城立功，而且风头早就盖过他自己。

此外，还有以下诸事，惹起张俊对岳飞的暗恨：其一，淮西之战，张俊以"前途乏粮"为辞，阻止岳飞行军抗金，当时岳飞奋勇不顾。班师后，宋高宗宣示天下的褒状中称岳飞"转饷艰阻，卿不复顾"，张俊由此怀疑岳飞在高宗面前告自己状，便在回朝后大肆宣扬岳飞在战役中逗留不进。其二，张俊知道秦桧与韩世忠关系不好，各个统帅被夺实权换防后，他私约岳飞拆分韩家军的主力精兵"背嵬兵"（张俊与韩世忠还是儿女亲家）。岳飞出于公义，渐次不肯，使得张俊心中大恨。其三，两人同行至楚州城，张俊表示要修城守备，岳飞言道："当戮力以图恢复，岂可为退保计！"意即反对张俊在距金人如此远的地方修防线以示怯。如此数事，使得张俊铁定要整治岳飞。

当然，以张俊单个军将之力，想出头整岳飞，并不容易。于是，他先撺掇秦桧，说岳飞与韩世忠暗中通气，惹得秦桧大怒。而秦桧早已收到兀朮密信："汝朝夕以和请，而岳飞方为河北图（进取）。必杀（岳）飞，始可和。"当然，兀朮信中所言，其实也是"气话"，毕竟"岳家军"的战斗力，让他印象太深刻。这么多场战役，只要和岳飞打，兀朮基本都是完败。

秦桧综合各方因素，认定岳飞不死，和议不成。虽然有了张俊、秦桧二人推波助澜"惦记"岳飞，但还不至于让这位大忠臣走上黄泉路。真正的幕后黑手，其实另有其人。

7. 岳飞之死

秦桧为了和金国达成协议，心中主意已定，就是必须杀掉岳飞。但是，以他一个文臣宰相之力，真要把岳飞这个曾经的大将杀掉，还真不是件很容易的事情。所以，岳飞最终命运的裁决权，还是南宋的当朝皇帝高宗赵构。

当时，岳飞虽功高，但"狡兔未死"，是因为武将还有用处。此外，三大军头的军权已被平稳卸掉，南宋一朝"削兵权"业已成功，岳飞也不再是赵构这个皇帝的"心腹之患"。

赵构杀岳飞的由头，其实最终还是起于如下几个原因：第一，武将主动言及"宗庙事"，即岳飞劝高宗立储，深犯当时的政治忌讳。第二，岳飞整日言要恢复失地，要迎返二帝，毕竟兄长钦宗皇帝还活着，岳飞真的"直抵黄龙"把钦宗迎回来，赵构自己往哪里摆！第三，淮西军变、苗刘事变等事情，使得宋高宗赵构对军人十分放心不下，很想拿个人开刀示警。

"君疑臣，臣必死"，有了赵构这个奸帝，岳飞不死也难。

既然帝、将、臣三方面都心照不宣要搞一个人，动手就很快了。秦桧挑来拣去，他先找出与岳飞有旧怨的谏议大夫万俟卨（岳飞宣抚荆湖时，没怎么拿当时任湖北提刑的万俟卨当回事，小人易怒，他由此深恨岳飞）弹劾岳飞；又指使中丞何铸、侍御史罗汝楫上弹章举岳飞"罪行"，指斥岳飞如下："……今春金人攻淮西，（岳）飞略至舒、蕲而不进，比与（张）俊接兵淮上，又欲弃山阳而不守。"（参见《宋史》卷三六五）

得悉弹章，岳飞知道祸事要来，连忙向朝廷归还两镇节度使权节，完全交出一切军政虚实之权，仅落一个"充万寿观使"的虚而又虚的衔号。实际上，这种情况在宋朝，就是官员倒大霉前的一个步骤。

秦桧当然不会就此罢手，高宗与秦桧想要的不是岳飞的官，而是岳飞的命。于是，秦桧指使张俊，让其胁迫岳飞的部将王贵（都统制）首先告发岳飞。王贵先前在军中虽受过岳飞鞭打，但开始时并不想出卖旧上司，最终被张俊以宗族性命要挟，终于服从。光有王贵不行，张俊又买通岳飞手下副统制王俊，让他先上书告变，声称岳飞的部将张宪与岳飞养子岳云二人暗中阴谋，准备军事行动，最终使岳飞能重掌旧军。但凡军将为了主帅能重掌旧部在军队内"串通"，这种事在宋朝几乎相当于"谋反"。于是，秦桧等人仔细串通，"岳飞案"浮出水面。

秦桧得到这些"证据"之后，立即派人逮捕岳飞父子。忽然见朝廷使者来门，岳飞预感不妙，大英雄故作镇定，笑着叹息道："皇天后土，可表此心！"这一笑，是无奈的笑，是凄凉的笑，是英雄末路的笑。

明知自投罗网，岳飞仍旧随使臣赶往杭州。其实，削职闲住时，岳飞已有不祥预感，并作词《小重山》："昨夜寒蛩不住鸣。惊回千里梦，已三更。起来独自绕阶行。人悄悄，帘外月胧明。　白首为功名。旧山松竹老，阻归程。欲将心事付瑶琴。知音少，弦断有谁听？"

一开始，秦桧委派御史中丞何铸主审岳飞。进入庭堂，岳飞见四座官员、满院衙役，也不说话，撕开身上衣裳，露出后背，上有深入肤理的四个刺字：尽忠报国（非"精忠报国"，此四字也非岳母所刻。岳母乃一寻常农妇，而刺字在宋朝是一项专门"技术"）。

审了几日，根本无证无据，何铸内心深处知道岳飞无辜，就向秦桧汇报。秦桧大怒，又不好直说，顿了半晌，说出实情："此上意也（高宗本人的意思）。"

何铸为人正直，回辩道："我岂为区区一岳飞请命（宋代文臣一直看不起武将），强敌未灭，无故戮一大将，失士卒心，非社稷之长计。"

秦桧语塞，知道何铸主审岳飞案达不到目的，就把万俟卨推上前台。

万俟卨很会找案件"切入点"，他诬称岳飞与其养子岳云致书张宪，让张宪虚称金人来侵惊吓朝廷，以此达到岳飞还军的目的。

但是，这一指摘也不成。因为所谓的岳云和张宪等人的来往书信皆无实证。于是，万俟卨就称岳飞父子及张宪"焚书灭迹"。接着，他又以岳飞在淮西大战中逗留不进为辞，非要置岳飞于死地不可。

我们看看，宋朝的这等文人就是心眼窄，岳飞与万俟卨并非有什么杀父污母的深仇大恨，只是当时对他这个基层小官不待见而已，万俟卨因此就挟怨在心，对岳大英雄非杀之而后快，成为秦桧和高宗赵构的最得力打手。

多方找碴儿，巧妙盘算，在秦桧等人推动下，岳飞一案，很快得到南宋官府裁决。当然，到底如何处理岳飞，最终还需请宋高宗最后定夺。最后，高宗赵构下旨："岳飞特赐死。张宪、岳云并依军法施行，令杨沂中监斩，仍多差将兵防护。"（参见李心传《建炎以来系年要录》卷一四三）

即使是依承秦桧等人意思对岳飞案进行推审的大理寺各级官吏，仍在拟案中奏称只斩岳飞、张宪，至于岳云等其余被卷入的"从犯"，只想判处流刑和罚铜等较轻的刑罚。

宋高宗赵构心毒，他御笔亲题，为除后患，把岳飞的义子岳云也改为斩刑，并加重涉案其余人的处罚。

后世以来，由于民间戏曲、评书以及不谙史实的"读书人"渲染，加上"皇帝无错"的愚民心理，许多人认为岳飞之死皆是秦桧一人作恶，宋高宗作为皇帝只是受蒙蔽而已。

其实，秦桧先前情急之下对何铸说的一句话已经泄露天机："此上意也！"高宗赵构，才是实际杀岳飞的最大幕后指使人。

岳飞被逮捕入狱两个多月，案件仍然不能成立。张宪、岳云经受严刑拷打，铁骨铮铮，始终不诬称岳飞有任何对不起朝廷之事。

当时狱方得令，派遣两个大力军士入囚室，佯称请岳飞沐浴。他们把岳飞拥入密室之中，忽然猛击大英雄双肋，害死了这位南宋最大的功臣（也有赐毒酒之说，但"拉肋"即折肋的处死更为可能，最终并非予岳飞斩首之刑）。岳飞死年三十九岁。其时为绍兴十一年阴历十二月二十九日（公元1142年1月27日）。

岳飞死后，经与宋高宗赵构商议，秦桧等人才向天下宣示岳飞"罪行"，下发"判决书"。也就是说，先杀人，后出判决书。可见赵构的阴险和秦桧的卑鄙。

今天，我们难以想象岳飞大英雄被自己人猛击肋部时是何种心情、何种表情，在他临终的充满血幕的目光中，我宁可相信溢进的不是对王朝的怒火，不是对宋高宗的怨恨，而是壮志未酬的苦痛和国土未复的遗憾。

岳飞，是我们中华民族特殊时代的特殊产物。其实，他所拥有的人格魅力和质朴的忠君爱国思想，也要感谢北宋王朝百余年来对文化的浇灌和对道德伦理的培育。一个佃农最终成为方面大帅、时代英雄，是时代成就了岳飞，岳飞也成就了时代。千载万世之名，在英雄生命戛然而止的那一刻跃至巅峰。

多少个世代过去后，秦桧成为一种奸叛的符号，高宗赵构只是一个笑料一样的精神和肉体的残疾患者，林林总总的大将军们都黯淡地成为时间的碎屑，唯独岳飞成为一种民族的精神象征，成为一种骄傲，世代灼灼闪光，且愈来愈受后人敬崇！

岳飞被囚时，大理寺丞李若朴等人皆言岳飞无罪，都被万俟卨劾去。有宗正寺官员及布衣上书替岳飞呼冤，也被秦桧等人整治而死。

得知岳飞被处决，韩世忠大感不平，亲往秦桧府质问，秦桧答："（岳）飞子（岳）云与张宪书莫须有。"韩世忠愤言："莫须有三字，何以服天下！"

莫须有，乃宋人口语，可能是"不一定没有"之意，也可能是"或许有"，这是秦桧不把韩世忠当盘菜信口搪塞之意。后人凭空想象，以为韩大帅怒冲冲质问秦桧，秦桧心虚，低头嗫嚅"莫须有"，其实当时情况全然相反。首先，秦桧有高宗赵构撑腰，理直气壮；其次，宋朝宰相根本不拿军将当回事，何况韩世忠又是一个被削兵柄的将帅，无能为也。秦桧言中轻蔑不屑之意，在当时其实是溢于言表的。

金人破辽灭北宋，兵势甚锐，其所遭遇的最大失败，当数绍兴十年的顺昌大败，他们被刘锜带领的宋军在适于金人作战的平原杀掉几万强兵。但是，当时正值酷暑，金兵远来疲惫，失败后还有借口。而后，郾城和颍昌大战，岳家军在秋天金军力量最强的时候大败敌人，可以说显示了宋军真正的战斗力。正是有了岳飞的一系列大胜，南宋高宗赵构才真正拥有了与金人议和偏安的本钱。

岳飞死后，由于高宗和秦桧的意旨，大量史实记载被销毁，抹杀了不少岳飞的功劳，所以，岳飞的功绩，不仅不是后人夸大渲染，而是宣传、挖掘得还不够透彻。

8. 总把杭州作汴州

宋使洪皓在金国，派人持蜡书疾驰密奏，惋惜地表示："金人所畏服者惟（岳）飞，至以父呼之（岳大爷）。诸酋闻其死，酌酒相贺。"（《宋史》卷三六五）

高宗、秦桧一对奸搭档自毁长城，亲痛仇快，千载之下，令人扼腕切齿。编纂《宋史》的元朝儒生也很悲愤："西汉而下，若韩、彭、绛、灌之为将，代不乏人，求其文武全器、仁智并施如宋岳飞者，一代岂多见哉。史称关云长通《春秋左氏》学，然未尝见其文章。（岳）飞北伐，军至汴梁之朱仙镇，有诏班师，飞自为表答诏，忠义之言，流出肺腑，真有诸葛孔明之风，而卒死于秦桧之手。盖飞与桧势不两立，使飞得志，则金仇可复，宋耻可雪；桧得志，则飞有死而已。昔刘宋杀檀道济，道济下狱，瞋目曰：'自坏汝万里长城！'高宗忍自弃其中原，故忍杀飞，呜呼冤哉！呜呼冤哉！"

西湖岳庙铸奸贼铜像，始于明朝正德八年（公元1513

年），当时只有秦桧、王氏、万俟卨三人跪像，不久就被游人击碎。万历二十二年（公元1594年），按察副使范涞重塑贼像，又添张俊这个坏人的跪像，形成今天四奸齐跪的格局。

张俊这个第一个跳出来诬陷岳飞的小人，并无显赫军功，只是由于他常年以来一直护卫高宗赵构充当看门狗，深得高宗宠幸。绍兴二十四年（公元1154年），张俊已经死了，高宗赵构依然"思念"这条"大狼狗"，对秦桧说："武臣中没有一个像张俊那样忠心耿耿的，韩世忠比起他来都相差万倍。"高宗还下旨进封张俊为循王。宋朝对异姓功臣一般只封赠二字郡王，对功臣赠"真王"，实从张俊开始。此后，四奸塑像屡毁屡铸，一直延至清朝。从这么一个侧面，可以看出国人对奸贼的痛恨和对报国忠臣的敬仰！

终高宗赵构之世，岳飞始终未得平反。直到孝宗朝，岳飞才被"以礼改葬"。淳熙六年（公元1179年），谥武穆。嘉泰四年（公元1204年），追封鄂王。岳飞初被监押时，万念俱灰，百无聊赖，在他倚墙而立的时候，穷凶极恶的狱卒大叫"岳飞叉手立正"，出生入死从不动意的大将，当时"竦然听命"。西汉大将周勃入狱，也受狱卒侮辱，曾感慨道："吾尝将百万军，然安知狱吏之尊乎！"岳飞为宋高宗和宋朝社稷浴血奋战数年，落得如此下场，不能不让后人扼腕！

岳飞在狱中被害前一个月，宋金双方已经签订了和议，南宋方面称之为"绍兴第二次和议",金人称之为"皇统和议"。绍兴十一年（公元1141年）阴历十一月,兀朮派金臣萧毅等人为"审议使",与返回的宋使魏良臣一道来江南,议定宋金双方以淮水为界,"求割唐、邓二州及陕西余地,岁币银、绢各二十五万,仍许归梓宫（徽宗尸体）、太后（高宗生母韦氏）"。

高宗全部答应下这些条件,定下议和盟誓。"皇统和议"比起"天眷和议",南宋一方吃亏吃大了,而且是在军事方面占优势的情况下接受了屈辱的条件。依据该次和议,南宋把黄河以南、淮水以北大片国土拱手让与金人。而且第一次和约中南宋君臣觉得难接受的"岁贡""正朔""册命"等事体,高宗一概应承,其本人完全承认了自己是金国的藩属国主地位,称臣纳贡,卑微至极。

宋使见到金熙宗,先言及太后韦氏还朝一事,金熙宗仍旧吊起来卖,故意为难说："先朝业已如此,岂可辄改！"宋使再三跪请,金帝才"勉强"答应,同意归还宋徽宗梓宫及高宗生母韦氏。

但是,金人又提出新的过分要求,让南宋再割让商州以及战略要地和尚原、方山原。出乎金人意料,南宋高宗赵构非常爽快地答应了。看赵构如此"大方",金人自己都感觉不好意思。金帝立刻下令,命兀朮迅速落实宋金边界勘定及高宗向金称臣等具体事宜。双方终于在大打十五六年之后，实现了各自大喘一口气的"和平"。金宋"皇统和议"，客观上讲，宋朝方面称臣、纳贡、割地，该现眼全都现眼了，丢人到家了，到手的仅仅是受辱多年并为金将生过二子的赵构生母韦氏，使不忠不孝不仁不义的宋高宗终于为自己扯上一块"孝道"的遮羞布。

与金国的和议达成，杀了岳飞，宋高宗君臣非常愉悦。为此，张俊还特意请宋高宗赵构、秦桧秦熺父子等人到他家里吃饭。这个饭局的菜谱，南宋周密在《武林旧事》中有详细记述。除了宋高宗和秦桧之外，还有同来的六名南宋高级官员以及其他中下级官员一百零一名。这还不算宫内侍从和其他官员的跟班和仪仗等人，场面宏大，菜谱令人眼花缭乱，甚至让人瞠目结舌。

张俊是与宋高宗、秦桧一起陷害岳飞的小人，其实也曾被称为南宋"中兴四名将"之一。此人在江南共有良田一百多万亩，面积比今日新加坡的国土面积还要大，每年收租米六十万石以上，相当于南宋最富庶的绍兴府全年财政收入两倍以上。张俊家中银子堆积如山，为防止被人偷走，他命人将家中银子都铸成一千两一个的大银球，名叫"莫奈何"，意思是即使放在露天，想偷它们的人也全拿这些大银球没办法。

绍兴二十一年（公元1151年）十月，张俊曾大排筵宴，根据《武林旧事》卷九《高宗幸张府节次略》记载,这次宴会的流程共分为初坐、再坐、正坐、歇坐四轮。初坐就是客人进了门先坐下来歇息一下。这时候要上七轮果品,每轮是十余行珍稀水果和精致果品。然后就是宋高宗在张俊的府上举行一些仪式封赐这名宠臣,然后大家洗完手再上桌,就叫再坐。此时上果品六轮,每轮约十一行,总共是六十六行果品。接下来,正式的御筵才开始。正筵有下酒菜十五盏,每一盏是两道菜,总共正菜是三十道,光是吃螃蟹,就有洗手蟹、螃蟹酿枨、螃蟹清羹和蝤蛑签四种吃法。最后,就是歇坐,此时上不记入正菜的二十八道小菜。当然,这个菜谱所记还只是给宋高宗一个人开的菜单,像秦桧以及其他随行大员等人,都有不同的菜单。和我们想象的不一样,当时参加宴会的人每人都是独坐一桌。

来看看宋高宗的菜谱。

初坐(共七十三行)。绣花高饤一行八果垒:香圆、真柑、石榴、枨子、鹅梨、乳梨、榠楂、花木瓜;乐仙干果子叉袋儿一行:荔枝、圆眼、香莲、榧子、榛子、松子、银杏、梨肉、枣圈、莲子肉、林檎旋、大蒸枣;缕金香药一行:脑子花儿、甘草花儿、朱砂圆子、木香丁香、水龙脑、史君子、缩砂花儿、官桂花儿、白术人参、橄榄花儿;雕花蜜煎一行:雕花梅球儿、红消花、雕花笋、蜜冬瓜鱼儿、雕花红团花、木瓜大段儿、雕花金橘、青梅荷叶儿、雕花姜、蜜笋花儿、雕花桭子、木瓜方花儿；砌香咸酸一行：香药木瓜、椒梅、香药藤花、砌香樱桃、紫苏柰香、砌香萱花柳儿、砌香葡萄、甘草花儿、姜丝梅、梅肉饼儿、水红姜、杂丝梅饼儿；脯腊一行：肉线条子、皂角铤子、云梦犯儿、鰕腊、肉腊、奶房、旋鲊、金山咸豉、酒醋肉、肉瓜虀；垂手八盘子：拣蜂儿、番葡萄、香莲事件念珠、巴榄子、大金橘、新椰子象牙板、小橄榄、榆柑子。

再坐（共六十六行）。切时果一行：春藕、鹅梨饼子、甘蔗、乳梨月儿、红柿子、切桭子、切绿橘、生藕铤子；时新果子一行：金橘、葴杨梅、新罗葛、切蜜蕈、切脆桭、榆柑子、新椰子、切宜母子、藕铤儿、甘蔗柰香、新柑子、梨五花子；雕花蜜煎一行：同前；砌香咸酸一行：同前；珑缠果子一行：荔枝甘露饼、荔枝蓼花、荔枝好郎君、珑缠桃条、酥胡桃、缠枣圈、缠梨肉、香莲事件、香药葡萄、缠松子、糖霜玉蜂儿、白缠桃条；脯腊一行：同前。

正坐（御宴正宴，共三十行）。下酒十五盏。第一盏：花炊鹌子、荔枝白腰子；第二盏：奶房签、三脆羹；第三盏：羊舌签、萌芽肚胘；第四盏：肫掌签、鹌子羹；第五盏：肚胘脍、鸳鸯炸肚；第六盏：沙鱼脍、炒沙鱼衬汤；第七盏：鳝鱼炒鲎、鹅肫掌汤虀；第八盏：螃蟹酿枨、奶房玉蕊羹；

第九盏：鲜虾蹄子脍、南炒鳝；第十盏：洗手蟹、鲟鱼假蛤蜊；第十一盏：五珍脍、螃蟹清羹；第十二盏：鹌子水晶脍、猪肚假江鳐；第十三盏：虾枨脍、虾鱼汤齑；第十四盏：水母脍、二色茧儿羹；第十五盏：蛤蜊生、血粉羹。

歇坐。插食：炒白腰子、炙肚胘、炙鹌子脯、润鸡、润兔、炙炊饼、炙炊饼腵骨。劝酒果子库十番：砌香果子、雕花蜜煎、时新果子、独装巴榄子、咸酸蜜煎、装大金橘小橄榄、独装新椰子、四时果四色、对装拣松番葡萄、对装春藕陈公梨。厨劝酒十味：江鳐炸肚、江鳐生、蝤蛑签、姜醋生螺、香螺炸肚、姜醋假公权、煨牡蛎、牡蛎炸肚、假公权炸肚、蟑蚷炸肚。准备上细垒四桌。又次细垒二桌：内胘蜜煎咸酸时新脯腊等件。对食十盏二十份：莲花鸭签、茧儿羹、三珍脍、南炒鳝、水母脍、鹌子羹、鲟鱼脍、三脆羹、洗手蟹、炸肚胘。

以上可见，宋高宗一个人就是总计一百八十余道菜品，这还不含酒水。需要讲一下的是，菜谱里面的"盏"是"盘盏"的简称。盏有脚，有的是高脚，盘没有脚。这个张俊宴请菜谱和先前讲过的《东京梦华录》中所记载的北宋菜谱相比，确实更加精细。但是我们要想一想，这可是北宋亡国不久之后的事情啊。看这些君臣大乐的场景，哪里有一丝国仇家恨的影子呢。吃着如此珍馐美味，不知道宋高宗是否会想到被金人折磨致死的父兄以及他那些在金国洗衣院受尽凌辱的姐妹，不知他是否会忆念他那被金人掳走的王妃和五个年幼的女儿。由此论之，宋高宗真是一大忍人，一大自私无耻之人！

宋高宗在位三十六年，仅有两次出宫临幸大臣的宅邸，一次就是到张俊府邸，而另一次便是到秦桧家中。宋高宗亲临大臣府宅，就是表明自己对这个人是"殊宠"的态度。可知他对栽赃陷害岳飞的奸贼张俊是从心眼里喜欢。而日后他到秦桧家中，还是秦桧这个奸相临死之际。

据《金史》，就在宋高宗君臣尽享江南珍馔美味的时候，篡位不久的金主完颜亮召见南宋使者，故意拿出宋徽宗去世后留下的一条玉带，假模假式交给宋使表示这是自己"赐给"宋高宗的礼物，还告诉使臣说："此天水郡王（宋徽宗在金朝的封爵）故物，今以赐汝主，俾汝主如见其父。并谕汝主，当不忘朕意也。"宋使退下后，金国大臣张仲轲还说："希世之宝，轻赐可惜。"完颜亮一笑："江南之地，它日当为我有，此置之外府耳。"由此可见，金朝一直对南宋虎视眈眈，但南宋君臣却发昏当死，只知道一再奴颜婢膝地屈辱求和。

9. 身在金营心在宋的忠臣

南宋和金国的和议完成之后，金国方面，喜出望外，因为他们得到了在战场上不可能得到的一切。由此,兀朮作为"皇统和议"的大功臣,官位飞一样一直往上蹿:侍中、太保、都元帅、领行台尚书省事,又进拜太傅、太师,领三省事。

于宋朝而言,兀朮是个残暴不仁的大魔头;对金国而言,这位王子可是开疆拓土、鼎鼎忠心的大能臣。

"皇统和议"后七年,兀朮病死,善终于家。所以,兀朮的下场,并非我们评书、演义上所讲是被岳飞部将牛皋骑在身上活活气死的。

兀朮临终遗表,把他对时局的分析以及对南宋的政策一展无遗:

> 吾天命寿短,恨不能与国同休。少年勇锐,冠绝古今。事先帝南征北讨,为大元帅左都监,行营号太子军,东游海岛,南巡杭越,西过兴元,北至小不到云城,今契丹、汉儿,侍吾岁久,服心于吾。吾大虑者,南宋近年军势雄锐,有心争战,闻韩、张、岳、杨,各有不协,国朝之幸(此点可疑,当时岳飞已死,可能是兀朮泛指南宋军将之间有矛盾)。吾今危急,虽有其志,命不可保,遗言于汝等:吾身后,宋若败盟,任贤用众,大举北来,乘势撼(收)中原人心,复故土如反掌,不为难

矣。吾分付汝等，切宜谨守，勿忘吾戒。如宋兵势盛敌强，择用兵马破之；若制御所不能，向与国朝计议，择用（智臣）为辅，遣天水郡公桓（即宋钦宗赵桓）安坐汴京，其礼无有弟与兄争（兀朮熟知汉族礼仪），如尚悖心，可辅天水郡王，并力破敌，一也。宋若守吾誓言，奉国朝命令，时通国信，益加和好，悦其心目，不数岁后，供须岁币，色色往来，竭其财赋，安得不重敛于民，江南人心奸狡，既扰乱非理，其人情必作叛乱，无虑者二也（此招狠毒，疲南宋国力以削弱之）。十五年后，南军衰老，纵用贤智，亦无驱使，无虑者三也（这点倒是自作多情，十五年后，惯战金军也老矣）。俟其失望，人心离怨，军势臕坏，然后观其举措，此际汝宜一心，选用精骑，备其水陆，谋用才略，取江南如拾芥，何为难耳！尔等切记吾嘱。吾昔南征，目见宋用军器，大妙者不过神臂弓，次者重斧，外无所畏，今付样造之。(《三朝北盟会编》卷二一五）

兀朮在自己这份遗嘱中，对南宋可谓谋略周全。若仔细分析，其中还透露出这样一种消息：金军的战斗力和金朝的国力在当时均在走由盛而衰的下坡路，先前金军那种"取天下如拾芥"的黄金岁月，已成明日黄花。

宋金和议成后,绍兴十三年(公元1143年),被拘多年的宋朝使节洪皓、张邵、朱弁等人,皆被金国放还。历经九死一生,这三人一直保持臣节。归宋之后,三个直臣都被秦桧一伙儿所不喜,或贬或放,郁郁而终。值得一提的是,洪皓有三个儿子,洪适、洪遵、洪迈,"相继登词科,文名满天下",都是高才的大才子。特别是洪迈,他的巨著《容斋随笔》泱泱数卷,不仅是非常有价值的史料,也记载了正史中没有的当时宋金历史的许多细节。

到达金国出使的宋朝大臣中,最值得一提的,当数王伦和宇文虚中。这两个人在《宋史》《金史》中皆有传,但《金史》的作者由于是被元朝俘虏的金国文人,对南宋的立场或有问题,就把两个人评述得很不堪,把王伦描述为"纨绔之子",还在史书中讥笑宇文虚中受两朝官职,说他为人反复无常。

特别让人反感的是,近世以来的民间叙事,特别是评书,把王伦完全丑化成一个金国派到南宋的奸细,把他刻画为一个十足的汉奸。其实,历史上真实的王伦是百分百的爱国者,大忠臣。

王伦,字正道,是北宋名相王旦之弟王勖的玄孙。王伦年轻时家道中落,放荡不羁。靖康之变,国乱识诚臣,宋钦宗面临宣德门下乱民喧嚷的局面不知所措时,王伦以布衣身份挺身而出,大叫"臣能弹压之"。感动之余,宋钦宗解身上所佩夏国宝剑赐之,立授兵部侍郎。"(王)伦下楼,挟恶少数人,传旨抚定,都人(汴京人)乃息。"可见,王伦绝对是临危定乱的人杰。

建炎元年(公元1127年),宋高宗赵构择官员去虎狼金国,大臣们都胆小推诿,唯独王伦挺身而出。当时去金国出使,事先知道此行九死一生,王伦仍慷慨请行,真是男儿本色,忠胆映日。众人或腐儒日后诟病王伦,大都是因他促成了二次金宋和议。但在和议谈判过程中,王伦与秦桧完全不是一码事,王伦为国为君,可称是无纤介私心。所以,细读南宋历史,金国废刘豫、定第一次绍兴和议,王伦在其间居功甚巨。

宋金绍兴年间二次和议达成后,金国想任命王伦为金国的平滦三路都转运使,这可是个有权有利的肥缺,就是想以此来让王伦为金国所用。对此,王伦傲然答道:"我奉大宋皇命而来,不是过来投降的,我不能担任金国的官职。"严拒金国的官封。得知王伦拒不做官的消息,金国皇帝恼羞成怒,下诏把王伦缢杀,时年六十一岁。

被杀前,王伦让金国的监斩官略给自己一些时间,金国官员也佩服这位宋朝使节,答应了他的请求。于是,王伦仔细整理了自己宋朝的冠服,南向跪拜,恸哭道:"先臣文正公

（王旦）以直道辅相两朝，天下所知。如今金国想留下臣在朝为官，污以伪职，臣只得以死报国，不辱使命！"而后，从容就义。可见，王伦真是堂堂正正宋朝大丈夫。死后，王伦被南宋政府追谥"愍节"。

《金史》对王伦大肆泼污，说他本来先受官封，不久又辞官，激起金帝愤怒才导致被杀，完全是抹黑这位宋朝忠臣。

出使金国的另一宋朝大臣宇文虚中也是一位大忠臣。宇文虚中，字叔通，成都人，大观三年（公元1109年）进士及第。宋徽宗宣和年间，承平日久，童贯等人又开边生事，宇文虚中深知宋朝将有纳侮自焚之祸，上书献策，劝说宋徽宗不要和金国联合进攻有百年友好关系的辽国，皆不被采纳。金军第一次侵汴，宇文虚中殚精竭虑，出谋划策，亲入金营与金国各路元帅周旋，最终金军退走。

事后，窝里反的宋朝言官来精神了，纷纷弹劾他议和误国，将宇文虚中贬放青州，而后又贬窜韶州。宋高宗赵构登基后，四下寻求敢于出使金国的使者，此时的宇文虚中毅然应诏。

转年，由于宋金之间关系略有松动，金人放宋使回江南。此时，宇文虚中毅然决然地向同行人等表示说："二帝未归，我不能回去。"由此，他独留虎狼之国金国。由于宇文虚中仪表堂堂，文采卓然，金人爱其才艺，不停对他加以官爵。为了能够有机会使北迁的徽钦二帝返回宋朝，他只得接受了这些金国的官职。也恰恰因此，后来入金当使臣的洪皓等人和宇文虚中见面，都表示了非常鄙视的态度。由于深信自己肩负使命，宇文虚中也不自我解释。

实际上，宇文虚中心中确实怀有更大的抱负，他在金国忍辱负重，目的就是要将来成就大事。后来，宇文虚中在金朝官做得很大，封河内郡开国公，进金紫光禄大夫，礼部尚书，金人尊称他为"国师"。

宇文虚中在金朝，每每派人持密信给宋朝使者，甚至派人送到南宋境内，把金国军事经济情况一一汇报。而且，金人每次南侵，他都想方设法予以阻劝，真正是身在金营心在宋。

可恨的是，秦桧奸邪。当时，兀朮为了保护秦桧，特意在宋金和议中要宋朝保证不能轻易废掉宰相（也就是当时主和的秦桧本人），为了回报兀朮这个大人情，秦桧便把宇文虚中为宋朝充当卧底的实情告知了金国。更缺德的是，秦桧为金人出主意，事先要求南宋把宇文虚中的所有家眷都迁到了金国境内。

宇文虚中得知消息之后，密奏宋高宗说："若金人索取我家属，请告知他们我的家属早已在靖康乱中失散。"不料，宋高宗赵构不仅不保护这个功臣，反而亲自下诏，派人前往时在闽中的宇文虚中家,把宇文家族所有成员一路监视着送往金国。

金熙宗皇统六年(公元1146年),被宋高宗、秦桧出卖的宇文虚中被金朝杀害,他全家百余口也遭金国屠戮。

《金史》说宇文虚中因恃才傲物、轻肆嘲笑女真贵族,是以文字案致死的,而《宋史》也大概如此说,估计皆是因为宋元以来那些文人认为宇文虚中在政治上有"失节",所以他们一致对他没好感。

清朝文人袁枚在《随园随笔》中摘选散佚的宋人施德操笔记时,发现有这样一条记载:"绍兴十五年,(宇文虚中)谋挟渊圣(宋钦宗)南归,为人告变。(宇文)虚中急发兵直至金主帐下,金主几不能脱,事不成而诛。"

可见,宇文虚中孤胆英勇,差点先于海陵王完颜亮之前就把金熙宗直接解决了。这些记载,或被金宋元的那些腐儒和文臣"选择性遗忘"。到了清朝,那些御用奴才更会删去这样的记载,等于在历史上把大英雄宇文虚中给活活埋没了。青史浩瀚,腐儒们只留下如下的讥讽字句:"(宇文虚中)即受其(金国)命,为之定官制,草赦文,享富贵。"

殊不知,宇文虚中早有诗言:"人生一死浑闲事,裂眦穿胸不汝忘。"

一个如此怀有家国深情的人,一个如此笑看生死的人,又怎可能是贪生怕死、追求富贵荣华的宵小!

南渡之后的宋高宗朝廷,忠臣诛窜,贼臣在位,宋高宗、秦桧君臣一唱一和,江南小日子过得红红火火,滋润得很。特别是老贼秦桧,国权在手,任情恣意,一直到绍兴二十五年(公元1155年)才病死,富贵荣华享受尽。

"暖风熏得游人醉,直把杭州作汴州",悲夫!